U0552542

组织合伙人

寻找增长新曲线

李仙 著

中信出版集团｜北京

图书在版编目（CIP）数据

组织合伙人：寻找增长新曲线 / 李仙著. -- 北京：中信出版社, 2020.8
ISBN 978-7-5217-2071-6

Ⅰ. ①组… Ⅱ. ①李… Ⅲ. ①企业管理—研究—中国 Ⅳ. ① F279.23

中国版本图书馆 CIP 数据核字（2020）第 137623 号

组织合伙人：寻找增长新曲线

著　者：李仙
出版发行：中信出版集团股份有限公司
（北京市朝阳区惠新东街甲 4 号富盛大厦 2 座　邮编　100029）
承　印　者：北京楠萍印刷有限公司

开　本：880mm×1230mm　1/32　　印　张：7.5　　字　数：148 千字
版　次：2020 年 8 月第 1 版　　　　印　次：2020 年 8 月第 1 次印刷
书　号：ISBN 978-7-5217-2071-6
定　价：59.00 元

版权所有·侵权必究
如有印刷、装订问题，本公司负责调换。
服务热线：400-600-8099
投稿邮箱：author@citicpub.com

中国人是一个非常依赖"组织"的族群，以前的合作社、供销社是组织，现在的国企、央企、股份公司、合伙公司也是组织。而"合伙制""合伙人""合伙企业"等概念的出现，标志着中国企业公众化、规范化的进步和法人治理素养的升级。《组织合伙人》一书荟集了许多丰富的一线案例，也是中国企业组织合伙人体系的实战宝典。

厦门元初食品股份有限公司总裁　陈启明

面对新经济的变革和疫情的挑战，企业不进则退。《组织合伙人》是基于企业实战形成的组织行为新思考，是坚持以人为本、实现企业效率倍增的新视角，是激发企业由内而外变革的成长新动力。

光辉互动集团董事长　刘云光

改革开放40余年，中国经济进入了全面新旧动能切换时期，全球重大疫情更加剧了企业实力的分化。新技术、新营销、新组织，是每一家传统企业变革的重要课题。其中，组织变革是牵引其它变革、推高企业绩效的重要保障。《组织合伙人》一书既能帮助传统企业走出困境予以启示，也是一些正在实践组织合伙人体系的企业的实战宝典。

上海新沪商联合会秘书长　汪燕波

我们在创业时，往往只看到项目本身的巨大价值，却没有考虑到事业合伙人的重要性，那些因为股权机制等问题而引发的种种纠纷最终会造成项目流产，给经营者留下了莫大的遗憾。因此，如何选择合伙人、如何设计合伙人机制使经营者永远都绕不过去的问题，其背后考验的是经营者的大智慧。看完李仙老师的新书《组织合伙人》之后，我受益匪浅。

杭州深海密码生物科技有限公司董事长　张平

合伙人的最终目的不是让人掏钱，而是寻找志同道合的合作伙伴，寻求共利、共赢。成功企业的合伙人必须做到"三合"：心智相合、智慧相合、志向相合。只有做到这"三合"，使合伙人的思想统一、目标一致，才能合力抵抗风险。李仙的《组织合伙人》一书，以丰富的案例、详尽的分析，为大家解读了真正的合伙之道。

盛庄农业科技集团董事长　刘巧琴

李仙老师用职业经理人、创业以及辅导上千家企业的工作经历和思考，提出了一种运用组织管理变革实现企业未来新增长的决策思路，并辅以大量详实的案例，特别适合广大企业经营者阅读，强烈推荐！

湖南瑶珍粮油有限公司董事长　蒋珍凤

目录

推荐序一　V

推荐序二　IX

前　言　XIII

第一篇
增长的底层逻辑：是什么驱动了企业的增长？

第一章　增长的本质

零增长的归因错误　003

疫情期间的两件事　006

四个外部变量：客户、行业、企业、组织　010

存量时代的增长逻辑　019

海尔增长的双螺旋　021

增长 = 未来战略 × 组织战斗力　026

改善亚健康：激活潜能的增长模型　034

第二篇
未来战略：5 年后，你的公司还值钱吗？

第二章　市值目标是企业的最高战略

企业家的第一要务：思考未来　043

企业可以不上市，但一定要有市值目标　047

利润代表过去，市值导向未来　051

打开通往未来的 GPS：市值目标决定资源配置　054

市值是更高级的"利润"　056

第三章　经营战略由市值目标决定

什么是企业的"免死金牌"　059

聚焦一群人，解决一个问题，拿到第一份额　062

一个样板："乡镇版优衣库"的崛起　066

小产品，大公司　069

第四章　增长策略推动企业高增长

增长目标的算法模型：三算一对　071

增长 50% 比增长 10% 更容易　078

盘点不少于 2 倍的增长机会点　081

企业不同生命周期时的第一战略　084

战略共识比战略本身更重要　090

第三篇
组织设计：企业的框架能支撑未来战略吗？

第五章　给组织"动刀子"：战略的分工与授权

组织诊断：三维扫描　095

上层"补漏"：解决分权和分钱的问题　099

中层"动刀"：协同效率最大化　104

下层"补课"：可复制的商业模式与不可复制的管理模式　116

第四篇
组织合伙人：谁能和你一起实现未来战略？

第六章　组织合伙人制：改写组织的游戏规则

让人成为最大限度的盈利单位　121

衡量组织能力的唯一标尺：人均效率　123

增长责任授权不下去的根源：员工治理方式在失效　125

发展组织合伙人是打开自驱力的钥匙　129

组织合伙人制是责、权、利的重新分配　131

经营合伙人：高铁式变革　134

投资合伙人：企业的"圈地运动"　137

事业合伙人：点燃 4% 的增长火种　140

合伙人的选择标准　142

第五篇
机制赋能：如何激发人的潜能？

第七章　经营合伙人机制设计

机制的底层逻辑　147

收入的结构性设计　150

经营合伙人的增量差额分配　152

冰山之下的竞争力：平台的赋能系统　157

标杆案例解读：韩都衣舍的小组制　160

第八章　投资合伙人机制设计

外部投资合伙人模式　168

实践案例分享：一家连锁企业的快速扩张策略　171

内部投资合伙人模式　175

实践案例分享：本土品牌如何应对行业巨头？　181

第九章　事业合伙人机制设计

通关者最后的大奖　187

双赢的三个保证　192

激励篇：股权激励的 A 面　194

约束篇：股权激励的 B 面　199

结语　207

致谢　217

推荐序一

每一个年代都有每一个年代的命题,也有各自观察世界的视角。在我看来,人的视野或者格局,总是无法避免地局限于当前的社会环境。

过去我总认为,如果我不冲锋陷阵,又怎么能让我的员工们浴血奋战呢?理想很丰满,现实却很骨感。事实上,只有少数人才能够看到更远的未来。因为每一个人看待组织的方式是不同的。所以我一直认为,没有一种商业模式可以长存,所有企业都需要向死而生,不断做出转变。

尤其是随着新商业时代的到来,企业当前面临的市场环境发生了巨变，那些金字塔型的传统组织受到了重创，转型已经成为企业的重要任务。从企业形态进化的规律来看，传统组织转型必然就要迈向新组织。有句话说得很实在——资本是逐利的，员工是逐利的，而能干的员工逐大利。这也代表着员工对于合伙人制度的呼唤。

如此看来，平台型组织与合伙人机制的出现其实是必然的，这是企业形态进化的结果。在我看来，这两者的关系，也正如李仙在这本书中所说的那样：组织合伙人可以改写组织的游戏规则。在实践中，我也越来越明显地感受到，构建平台型组织管理模式就是在构建合伙人机制，无论是在平台化战略中，还是合伙人机制设计中，可以说这两者都是无法分割的。

组织合伙人也好，经营合伙人也好，事业合伙人也罢，每一个身份的背后，都是通过机制的赋能，挖掘和释放人才的潜能，甚至更多。这恰恰也是企业家能有所作为，并持续努力的地方。

在这本书中，我们能看到构建平台型组织与合伙人机制的整个底层逻辑，以及完整的机制设计，这其实也是公司内部一种管理机制的创新。而其中那些解决人才发展动力的方式方法也带给我很多启发。所以我想把这本书推荐给每位企业家，甚至是每位员工。因为从本质上来说，作为一种企业战略动力机制和长效人才发展机制，合伙人制持续发展的生命源泉来自合伙人持续奋斗的精神。

当然，我认为这本书最大的意义，就是让企业家意识到，把合伙人制作为一种战略动力机制的重要性。因为在互联网与共享经济时代，合伙人制是一个涉及企业战略创新、公司治理结构优化、组织与人的关系重构的系统工程,是一个长远的事情,也是一种新的人才生态,更是未来的趋势所在。

王进权

奥康国际总裁

浙江奥康鞋业股份有限公司总裁

推荐序二

我在经营企业的 30 多年里，发展过不少合伙人。在我看来，发展组织合伙人是企业家在经营企业时不可避免要去思考和采用的组织管理方式。万科、碧桂园、阿里、小米、海底捞等知名企业都采用了合伙人的组织管理方式，因为随着企业不断成长，企业规模会越来越大，企业家会遭遇盲点，也会遇到瓶颈。此时通过发展合伙人来补足自己的短板，改善企业的基因，是一个不错的选择。

然而，发展合伙人也是一件有挑战、有风险的事：找对了，企业加速发展；找错了，企业就会跌入万丈深渊，企业家多年的基业可能毁于一旦,我自己就有过这方面的惨痛经历。发展合伙人最难的是对人性的深度了解,而人性又太过复杂。随着企业的不断壮大,人的心态是会发生变化的,对责、权、利的态度也会随之发生变化。只有一起吃过苦、打过硬仗、被困难磨炼过、经受住财富和利益的试探和诱惑的人,才能成为真正的合伙人,才能和企业家携手共建一家伟大的公司。

2013年,我的一位合伙人因经营理念和价值观的分歧,带着大客户和核心人才离开公司,重新成立了一家公司,成为我们的竞争对手。当时公司遭遇重创,员工人心惶惶,客户也颇为担忧,公司一时间陷入亏损。面对如此境况,我必须"以负开始",让企业重新回到行业领先的位置。

要做到这一点,我需要一位在困境中依旧对公司充满信心、对我充满信心的合伙人与我一起奋斗,让员工把关注点转移到企业未来的目标上,而不是停留在内耗中。

总结我自己发展合伙人的经历,找对合伙人,找到价值观一致的合伙人是关键中的关键。李仙在这本书中提出,企业家要根据公司的梦想和价值观来挑选合伙人,同时也详细阐述了如何根据企业在不同阶段的战略需求来发展组织合伙人,如何与合伙人一起共享梦想、共担责任和共享利益。

书中有我们自己企业的实践案例,也有我们服务的客户的实践案例,还有我们多年访问和持续研究的案例,李仙根据这些案例将发展组织合伙人的过程总结成系统和模型,目的是帮助读者建立一个系统性的认知和思考,希望更多像我一样的企业家在思考、发展组织合伙人时少走一些弯路。我衷心地希望《组织合伙人》一书能让更多企业家有所思考、触动。

李践

行动教育集团董事长

前言

组织合伙人制是传统企业应对未来市场变化的一场组织变革,是企业在知识经济时代为了更好地激活人力资本,让员工和企业家成为责任共同体、事业共同体、利益共同体的一种全新的治理方式,目的是延长企业的增长曲线,保证企业的持续增长。

近年来,中国市场竞争升级,企业成本连年上涨,智能化等新技术被普遍推广和应用,商业模式不停地迭代更新……大环境的一系列变化让很多传统企业受到极大的挑战和考验:大部分传统企业丝毫没有招架能力,企业增长停滞甚至出现业绩下滑的情况。然而,市场的规律永远是不进则退,于是不少企业开始寻找出路。

到底应该从哪里入手破局，才能让企业快速应对大环境的变化，找回增长曲线，是近几年来最困扰企业家的问题之一。

两年前，我们尝试通过咨询帮助企业寻找延长增长曲线的突破口，从最初的摸索，到复盘调整，再到躬身实践的反复论证，我们发现，企业的组织结构是最好的突破口。

企业成也在人，败也在人，因为人是企业经营的核心要素之一。如何让组织中的人愿意全力付出，愿意承担增长的责任，是组织变革的关键点。

要回答这个问题，我们必须要回到人性的立场来思考。人心甘情愿付出努力的理由有三——生理需求、社会需求和心理需求。这三层需求是递进关系。财富是人类生存的物质保障，它是人最底层的生理需求，所以很多人会为了获得更多财富而努力工作。有了物质保障后，人的需求会上一个台阶，发展出对权力的需求。在权力欲望的驱动下，人们会努力做出成果，企业回报他们的往往是职位的晋升，以满足人的社会需求。在财富和权力需求双双被满足后，新的需求又产生了——心理需求，这就是不少人痴迷的荣耀感和成就感。

从本质上看，企业管理其实就是对人性的管理。因此，企业变革必须基于人性的需求进行变革，改变组织对人的治理方式，能释放出人性的潜力，并进一步激活组织的潜力。

当下，绝大多数传统企业采取的员工治理方式，是雇佣制下的科层式管理，即员工受雇于企业，老板负责制定战略方向和发号施令，通过中高管理层把任务层层授权下去，员工负责最终执行。这种治理方式下的员工不参与决策，自然只承担一小部分的责任,而且是有条件地承担责任。

时至今日,科层制下的组织治理结构与高倍速变化的市场环境成为一对越来越难以调和的矛盾。随着企业的成长壮大,老板和高管们会离市场越来越远,但是他们却垄断了企业的决策权和资源的分配权,而一线的基层主管和员工虽然能够最快感知到用户习惯和市场的改变,但企业却没有赋予他们快速应对变化的权力。在这种传统的权力格局下,有责任心的员工只能选择将信息向上层层汇报。而在高管收到信息并做出决策后,这些决策又要经过自上而下的层层传达。姑且不论这个过程中是否存在信息失真、执行变形等问题,单是来回传达的过程就已经让企业失去了快速反应的机会。毕竟,客户不会站在原地等你,如果这家企业满足不了其需求,客户完全可以选择另一家企业。

当企业的组织架构层级烦冗时,企业的一把手收到信息,再做出反应至少需要半年的时间。譬如,我曾服务过一家拥有上百个直营店和加盟店的服装连锁企业。9个月前,一位店长发现竞争对手在店内做直播,她把信息汇报给片区督导,然而并没有引起督导的重视,这个信息被人为阻断了。

也就是说,市场开始发生变化了,但作为决策人的老板并不知道。直到公司召开半年度会议时,老板发现部分门店的业绩较去年同期有较大幅度的下滑,这才责令品牌副总裁去调查原因,并提出改进方案。接下来,品牌副总裁再授权片区主管调查,片区主管又把这个任务交给督导,一层层指令下去,再一层层汇报上来,中间不知道有多少信息被遗漏,不仅费时费力,而且最终还没有找到业绩下滑的真正原因。

滞后的信息和决策是很多传统企业的管理常态，而时间是企业竞争的先决条件，面对市场的快速变化，谁先做出反应，谁就能抢走客户。那些没有来得及反应的企业，只能眼睁睁地看着自己的地盘被对手蚕食。时至今日，我的这位客户还是没能挽回自己失去的市场份额。

旧的组织秩序正在崩塌，而新的组织秩序尚未完全确立，这就是中国企业现在所面对的问题。重新分配组织的责、权、利，也许是传统企业应对市场变化的一条出路。幸运的是，诸如海尔、韩都衣舍、万科、碧桂园、西贝等诸多优秀企业，已经率先为成长型企业的组织变革做出了示范，这些企业大多采用"平台+合伙人"的治理方式，重新定义了组织和员工的关系：由公司承担平台的功能，负责整合资源、赋能员工，而一线经营体的员工转变为组织合伙人，企业授予他们参与业务决策的权利。

根据我们的调研和分析，参与感是激发员工责任感的首要激励要素，一件事情员工参与越多，投入感情越多，他们就越愿意承担责任。组织合伙人承担了业务增长的责任，那么相应地就有分享增量收益的权利。组织合伙人这种新的治理方式很好地满足了人性的生理需求、社会需求和心理需求，这个身份的背后，既有权力、荣耀，也有利益，能更好地激活员工的动力。

过去两年，我们通过"培训+微咨询"的方式，与部分企业家学员一起实践了组织合伙人制度。在这个过程中，我看到了一部分的企业业绩曲线重回巅峰，组织的凝聚力大大提升，团队能力也在市场的锻炼中实现了跃迁。与此同时，我还看到了企业家在突破困局后散发出来的干劲，以及谈到立志要塑造一家伟大企业时眼中放出的光芒，这些都让我备受鼓舞，也给了我很大的信心把这套组织合伙人的模型分享给大家。在这本书中，我们萃取了整个专家团队在服务企业时总结出的经验与教训，希望给处于困惑中的企业家一些应对变化、走出困境的启示。

近年来，合伙人这个话题炙手可热，市面上也有一些关于合伙人的书籍，这些书籍大多是从法务或财务的视角来研究合伙人制度的机制设计。但是，作为一名冲在企业一线的经营者和顾问，我始终有一个疑问：如果一家企业要进行合伙人变革，仅仅只是改变企业的机制就能成功吗？我认为答案是否定的。经营不仅仅是机制一件事情，而是一个系统的工程，它需要把多个模块融合在一起，共同发挥作用，形成一套循环系统，这也是今天许多企业无法成功推动合伙人制变革的关键原因。

企业要做好这场组织变革，企业家就必须从经营的视角入手，从企业的终点出发，站在经营的顶层设计高度，以终为始地系统思考这场组织变革。基于这一点，本书将会从四个部分来系统地思考和决策。

第一部分：未来画像，这是变革的第一步，企业家要先确定企业的未来终点。组织变革的目标是更好地实现未来蓝图，所以我们始终倡导企业家要站在终点思考现在。

第二部分：组织设计，这是变革的第二步。在这部分，我们会分析企业需要怎样的治理结构、组织架构以及管理模式才能支撑未来的持续增长，更好地实现未来画像。

第三部分：组织合伙人设计。基于未来画像和组织设计，第三步我们要思考怎样才能让企业核心业务的关键人员成为企业的责任共同体，什么是组织合伙人制的本质，以及如何挑选合伙人。

第四部分：合伙人的机制赋能。最后一步我们要考虑，如何设定有效的机制为合伙人赋能。企业家必须要思考如何顺应人性，设计出引导人不断向上的机制。因为企业增长是一个持续的过程，我们必须要通过机制赋能，让合伙人有持续的动力为增长负责任。

这四个部分内容也是组织变革中四个关键的决策步骤，每一步都环环相扣，构成一套完整的思考决策体系和执行体系。要做好这场变革，企业家只有先厘清思路，才能执行到位。

希望这本书能够成为企业进行组织变革和治理结构变革的一个参考。当然，您可能觉得还有不完善的地方。企业的实践永远没有尽头，变革一直在路上，这也是经营企业的魅力所在。我想，如果这本书能够抛砖引玉，引发大家的思考，它就已经完成了自己的使命。

李仙

2020 年 6 月 11 日于上海

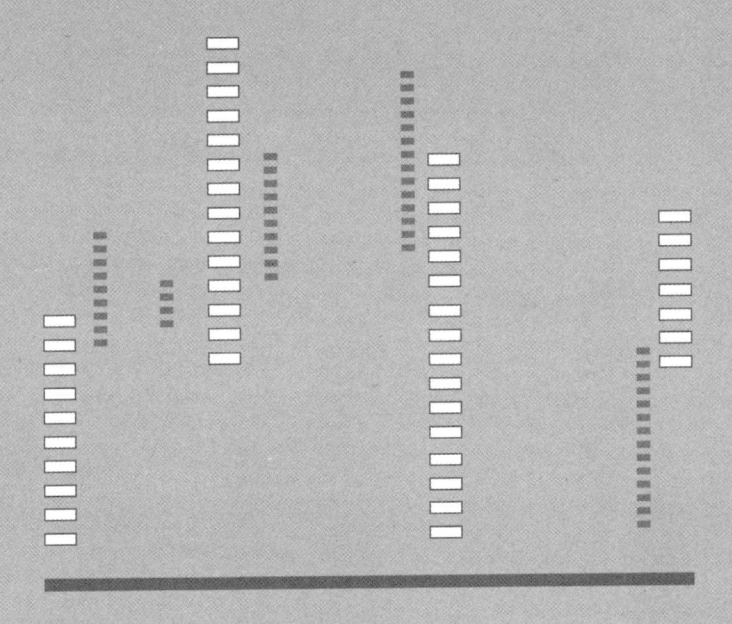

第一篇

增长的底层逻辑：
是什么驱动了企业的增长？

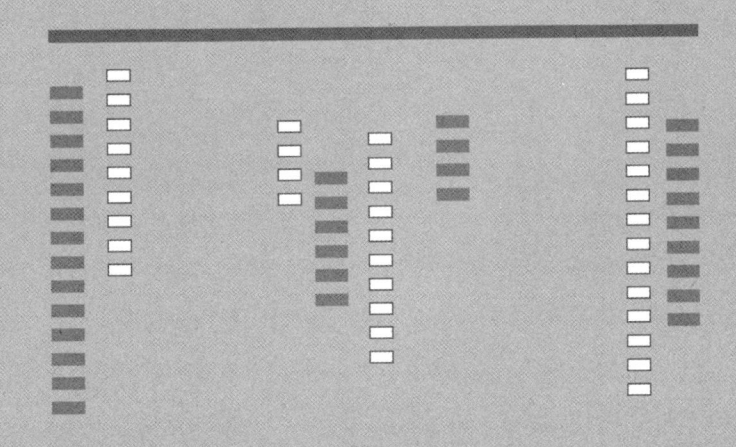

第一章　增长的本质

零增长的归因错误

迄今为止，我在企业管理这条路上已经走了 25 年的时间。除了工作在一线经营管理岗位，近 14 年，我主要从事企业管理的培训和咨询工作。在这个过程中我接触了数万家企业，并发现了一些很有意思的规律：在经营过程中，很多企业会周而复始地遇到一些问题，而这些问题往往会成为这些企业的瓶颈，它们自己无法应对。其中，这些企业遇到的最大的瓶颈就是增长问题。有些企业可能做到了 5 000 万元后就怎么都做不上去了，有些企业做到了 1 亿元或 5 亿元后，增长就停滞了。

在商业世界里，不进则退。当企业的收入上不去的时候，企业的经营成本却并没有减少。

在中国，未来有几项经营成本是可以预见的。一是人力成本持续上涨。从 2004 年开始，各地劳工成本快速上涨。2008 年新劳动法实施以后，工资总额的增长比全国 GDP 的增长还要高，据《第一财经》报道，过去 3 年，制造业 500 强企业的人力成本平均上涨了 18%。员工对工资增长的需求会越来越大，这是不可逆的。如果企业的增长速度跟不上员工的需求，就一定留不住人才，这会让企业的状况雪上加霜；二是随着营商环境的日趋成熟，企业经营必然走向合规化和透明化，企业的规范成本会越来越高。今天许多中小企业从本质上来说，赚的就是不规范的钱。未来，这样的企业是没有生存空间的。

一边是收入缩水，一边是成本疯涨。收入是市场导向，是不确定的，而成本却是政策导向，是刚性的，这对不可调和的矛盾让很多企业家非常煎熬。

我们集团每年有 2 万多名企业家来参加培训，其中大约 60% 的客户，其公司体量都在年营收 5 000 万 ~10 亿元之间。近年来宏观环境发生结构性变化，50% 以上的客户都遭遇了增长瓶颈。真正有两位数以上的增速，且能跑赢成本上涨的企业不多，利润比去年还有增长的企业更是屈指可数。大部分企业家都会向我们诉苦说，太难了！

2019 年，一位从事制造业的企业家向我坦言：他们有 1 000 多名员工，如果以现在人工成本上涨的速度，要满足员工的需求，他每月至少要增加 300 万元的成本，一年下来就多了 3 600 万元的成本。以这家企业目前的收入和盈利能力，根本覆盖不了这些成本。

我和他开玩笑说："早干吗去了？过去你们每年增长 10%~15%

还沾沾自喜，感觉和别人比，自己还是有增长的。事到如今才发现这个增长速度根本无法应对成本上涨的速度。怎么办呢？只能把你们的老底还给市场了。"

这位企业家反驳我说："不是我不想增长。我已经竭尽全力，只能增长 10%，我能做到这一点已经比其他同行好多了。"

我接着问他："那你觉得企业业绩增长不了的根源是什么？"

他告诉我："大环境不好啊！"

在我们服务的成长型企业当中，企业无法增长的例子比比皆是。而类似这位企业家的回答，我每个月能听到好几次。有人把增长的瓶颈归因于大环境不行，有人归因于产品不行，甚至有人归因于自己所在的是三线小城市……但是，几乎没有人把焦点放在自己身上。

我接着问他："环境变了，你的企业有没有什么调整或者变化？"

他摇摇头说："没有……"

你看，这才是核心问题所在。有人曾经做过一项调查，随机地问身边的人："过去几年，中国变化大不大？"超过八成的人回答："变化很大。"接着再问："您所在的行业，变化大吗？"只有一半人说："我们行业变化蛮大的。"而在这一半人中，只有不到 1/3 的人说："我们公司变化很大。"大部分人的答案是："我们公司，这几年其实没什么变化。"

经商的大环境确实变化了，比 10 年前甚至 5 年前更难了，这是事实。但是以我们自己为例，过去几年，行动教育集团每年都有两位数以上的增长。今年的新冠肺炎疫情期间，在线下课程全部停课的情况下，集团布局全员营销，发动线上战役。

每周进行一次大型公益直播，在帮助企业家学员的同时，也为集团的线上商学院吸引了数十万粉丝，四次大型公益直播的总参与人数破百万。通过公益直播的引流，更多新客户愿意付费参与我们的 EMBA 项目，最终成交金额近 3 000 万元，超去年同期线上产品收入数十倍。这场全员营销的战役不仅为我们集团开辟出了一条新的业务增长路径，更帮助企业聚集了人心，提升了士气。

由此可见，无论环境多么恶劣，环境本身一定不是企业无法增长的根本原因。那么，根本原因是什么？我想先给大家讲讲我自己在疫情期间遇到的两件事。

疫情期间的两件事

2020 年注定是要载入史册的一年，新冠病毒打乱了所有的计划，也带给人们始料不及的恐惧和担忧，尤其对于企业而言，这是一场突如其来的黑天鹅事件。

在疫情最严重的春节期间，我的一个老朋友打电话给我，她在我的老家昆明开了一家连锁家具公司。她说，随着疫情越来越严重，她也越来越焦灼。因为她和老公一起盘点了家里的现金流后发现，如果上班延期，不仅是生意，就连他们家的生活都会受到很大的影响。

我听后非常不解，因为她在昆明市是属于高收入者，她的企业年营收在 2 000 万元左右，家庭年收入在百万以上，上班延期怎么会有这么大的影响呢？

她回复我说，钱都拿去进货了，去年昆明房价上涨，她又买了一套房子，年前换了一辆好车。因为这几年生意很顺利，每年手中都有上百万现金，所以今年就没有过多余留。不曾料想 2020 年会发生这样的事，她家里的现金流最多只能支付三个月的门店房租，连员工的工资都付不起了。

这位老朋友做生意已经近 10 年了，还从未经历过类似的突发事件，而她其实是中国 4 000 万创业者的一个小小缩影，也代表了一部分企业家的特质。我从她面对逆境的反应，以及后续与她沟通应对策略时的反应中，能清楚地看到人和人之间最本质的差别不是能力，不是资源，而是心和心的较量。顺境时大家彼此之间可能分不出高下，危机和逆境则会把人与人之间的差异展现得淋漓尽致。

我第一时间告诉她，要先控制好自己的情绪，企业家下面还有员工，当老板害怕时，员工只会更害怕。作为企业家，你要把焦点转移到如何面对和解决这个困局上。譬如，带领大家群策群力，思考如何不通过门店把家具卖出去……

我话音未落，她马上说："不可能，买家具是要到店来看的。"

我又建议她："能不能让员工把原来到店没有成交的客户做一个整理，大家分工打电话维系一下客户群，盘点一下意向客户，等到开店的时候生意不就来了吗？"

她说："原来做过，没效果！"

事实上，我的意图是要推动她去想办法应对现在的危机。但是，不论我给她什么建议，她始终身陷焦虑，不愿向前挪动一步。

这让我有所感悟：这次疫情是企业的生死大考。企业经营是一条漫长而坎坷的道路，我们不能指望永远在顺境中经营企业，只接受成功，不接受挑战。事实上，恰恰是因为在过去 10 年里，她没有经历过太大的困难，所以她的企业也没有做大。

翻开所有头部企业的历史，它们大多经历过关系到生死存亡的危机，正是这些危机锻炼了企业的抗险体质，提升了企业的竞争力，推动了企业的发展。而反观一些中小企业，生命周期短，企业做不大，难道不是缺少了类似的历练吗？

另一个真实故事发生在我们服务的一家企业的创始人身上。

疫情暴发后，大多数客户都叫苦不迭，但是也有不少客户选择转型自救。其中，有一家做快时尚男装的企业在这场疫情中表现得非常亮眼。在疫情的倒逼下，企业开辟出了一条转型升级的新路。

这家企业的市场定位是男装潮牌，疫情之下，连锁门店是重灾区，这家企业的400多家门店全部关店，不仅错过了春节期间的销售高峰，还要支付3 000多名员工的工资及门店的房租。

创始人第一时间带领中高管理层共同寻找出路。既然线下渠道已经被封死，那么必须转型线上。线上怎么转呢？他们决定从当下最火爆的直播入手。

2月16日，这家企业试水了线上第一场直播，没想到第一场直播的点击人数就破万，成交金额超过10 000元，这让企业全员信心倍增，开始每日定时直播。3天后，这家企业的3 000多名员工拉动了30万粉丝进直播间观看，单场成交1万多单，成交金额超过55万元。21日，这家企业单场成交13 000单，成交金额已经突破82万元。

令创始人始料未及的是，仅仅一个直播间，一个多月来的销售额，已经超过了线下400多家门店一季度总销售额的50%。登陆直播平台仅仅20多天，企业就积累了70多万粉丝用户。

直播这条路越走越顺，4月下旬，这家企业的创始人在另一个大型短视频平台与网红合作了一场直播，开播第一场就创造了1 400多万元的销售额，引起全网轰动。

这家企业能有如此亮眼的业绩，主要归功于这家企业在过去10多年积累的强大的供应链和选款能力。这场直播之后，全网许多大流量网红都想与这家企业合作。

与网红合作直播以后，这家企业每场直播能创造100万~200万元不等的业绩。不到一个月，这家企业在新平台上又积累了40万新粉丝，冲到了这个平台品牌男装销量第一的位置。

创始人告诉我们，接下来，这家企业的目标不再是打造一个直播间，而是定位为产品平台，整合最佳供应链。有了核心产品供应链，直播渠道和网红主播等都不再是问题。

这两个故事折射了疫情下的两面：大多数人关注的A面是关店潮，但是疫情的B面，实际上也有增长潮。而企业最终面临的是关店还是增长，本质上是企业家选择的结果。

再来看近年最值得众多企业学习的例子——华为，在美国政府屡次打压下，华为的增长依然强劲，据华为公司在2020年4月底发布的年报显示：尽管国外业务频频受阻，总体来说，华为的业绩依然逆势上扬。2019年，华为全球销售收入达到8 588亿元，同比增长了19.1%。其中，国内收入同比上涨了36.2%，而国外收入则下跌了1.6%。今天华为已经是年营收超过8 500亿元的大象级企业。面对比大多数企业更加恶劣的环境，华为凭什么能继续增长？体量较小的企业凭什么说不能增长了呢？

因此，当市场环境变化的时候，我们千万不能归罪于环境。禅诗有云："心随境转是凡夫，境随心转是圣贤。"环境的变化不能成为企业无法增长的借口，我们要将其视为经营的前提条件。因为一旦企业家接受了这个借口，思维通道就被关闭了。大形势不好是宏观现实，创业者无力改变，所以真正的企业家不应该陷入其中，而要去积极思考应对现实的方法。

达尔文在《物种起源》中总结道，能够生存下来的物种不是最强的，也不是最聪明的，而是最能适应变化的。所以，企业家的核心任务是思考：当前的环境发生了哪些本质性的变化？面对这些变化，我们应该如何驱动企业的增长？像华为这样高增长的企业，他们到底做对了什么，才能在如此恶劣的环境下逆势增长？

四个外部变量：客户、行业、企业、组织

如今，经营环境的变量有很多，但是我认为最核心的变量只有四个：客户、行业、企业和组织。

第一个变量：客户

不久前，一位经营特产的老板向我抱怨："我发现了一个非常严重的问题，我的客户都不知道跑哪里去了。甚至我想打广告，都不知道要投放到哪里。"

作为一名顾问，我每年深入走访并辅导企业，发现许多企业都遇到了类似的问题。客户端的变化在许多行业已经发生了，用户的消费习惯正在改变。

越来越多的企业已经感受到这个变化，尤其是今年在疫情影响下，诸多知名企业的管理者纷纷加入直播带货的队伍，如格力电器董事长兼总裁董明珠、百度董事长兼总裁李彦宏、携程董事长梁建章、复星国际董事长郭广昌、盒马鲜生总裁侯毅、林清轩总裁孙来春、良品铺子总裁杨银芬、华为全球产品总裁何刚、荣耀总裁赵明、苏宁易购集团零售总裁侯恩龙、网易严选首席执行官梁钧、娃哈哈集团董事长宗庆后……

2020年4月28日，中国互联网络信息中心（CNNIC）发布了第45次《中国互联网络发展状况统计报告》：截至2020年3月，中国网络购物用户规模已达7.1亿人，较2018年底增长16.4%，占网民整体的78.6%。2020年1~2月，全国实物商品网上零售额同比增长3.0%，实现逆势增长，占社会消费品零售总额的21.5%，比上年同期提高了5个百分点。

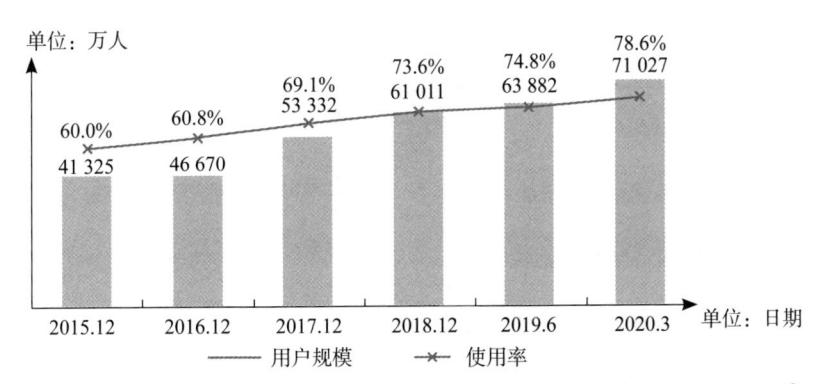

日期	用户规模（万人）	使用率
2015.12	41 325	60.0%
2016.12	46 670	60.8%
2017.12	53 332	69.1%
2018.12	61 011	73.6%
2019.6	63 882	74.8%
2020.3	71 027	78.6%

图1-1　2015年12月到2020年3月的网络购物用户规模及使用率发展趋势[①]

无独有偶，2020年3月，国内移动互联网大数据公司QuestMobile也发布了《2020中国移动互联网春季大报告》，报告指出：中国移动互联网市场的结构已经发生了变化，一线、新一线、二线城市的移动互联网用户减少了714万（回老家、待返程等因素），

---

① 来源：CNNIC。

三线、四线、五线城市的移动互联网用户则增加了2 461万，整个移动互联网大盘增加了1 700万人。这1 700万人中，24岁以下的用户增长了606万，41岁以上用户增长了965万，青壮年回乡，手把手教少年儿童、父母老人加入了网络大军。

随着移动互联用户向三线、四线、五线城市下沉，用户的消费习惯逐渐从线下转移到了线上，数字经济越来越成为驱动经济增长的新动能，这也催生出了类似直播的新业态和新模式。随着销售渠道的分化，未来有一件事情的成本将会越来越高，那就是客户忠诚度。企业想要留住客户的成本会越来越高，客户忠诚度会越来越低。

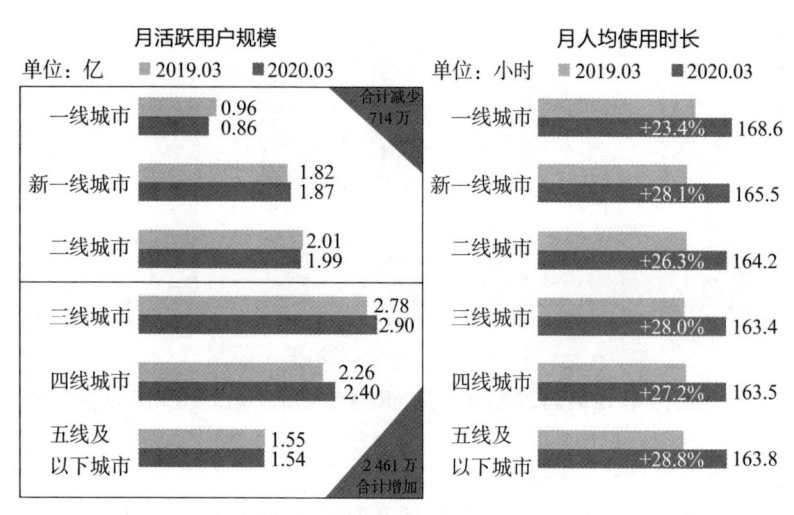

月活跃用户规模 单位：亿	2019.03	2020.03		月人均使用时长 单位：小时	2019.03	2020.03
一线城市	0.96	0.86	合计减少714万	一线城市	+23.4%	168.6
新一线城市	1.82	1.87		新一线城市	+28.1%	165.5
二线城市	2.01	1.99		二线城市	+26.3%	164.2
三线城市	2.78	2.90		三线城市	+28.0%	163.4
四线城市	2.26	2.40		四线城市	+27.2%	163.5
五线及以下城市	1.55	1.54	2 461万合计增加	五线及以下城市	+28.8%	163.8

图1-2 不同城际移动互联网用户规模和使用时长的变化[①]

因此，企业持续研究用户就变得至关重要。企业有没有持续跟踪并研究用户的行为习惯？有没有把这些大数据记录下来并加

---

① 来源：QuestMobile。

以分析？有没有针对用户消费习惯调整你的产品或销售渠道？

2017 年年会，我们邀请了唯品会一位高管做分享，他分享了一个名词——床上经济。这个词描述的是女性消费群体的变化。唯品会的员工通过大数据发现，近 30% 的女性喜欢"晚上躺在床上购物"，所以，他们把相关品类的促销时段调整到了20 点~22 点。

试想一下，如果你的客户群刚好是这群女性白领，今天你要花钱做广告，即便你找对了渠道，但广告没有投放在这个时间段，而是投放到了中午，那你的营销费用可能就打水漂了。其结果还会引导你得出一个错误的判断：是不是我们的营销方式不对？但事实上，你的营销方式是对的，只是选择的时间节点不对。所以，企业要研究用户。

我曾经看过一个发人深省的案例，有企业在研究母婴行业数据后发现，在中国 25 ~ 40 岁的女性人群中，有 60% 的女性来自三线到六线城市。但是，整个中国的母婴广告，只有 20% 投放到了三线到六线城市。你看，这就是整个行业出现的资源错配。

今天的商业环境如此复杂，客户有太多的选择。企业家只有一刻不敢松懈地研究用户、服务用户，才能够争取到他们在你这里消费的机会。

第二个变量：行业

行业端最大的挑战，是整个产业链条里的价值链被重构了。

过去的行业价值链条有一套完整的规则，有其既定的秩序：即上游研发，中游制造，下游销售，大家按照上中下游来分配价值链上的利润。譬如,一件衣服卖1 000元,那么设计拿走一部分,生产拿走一部分,渠道拿走一部分。

但时至今日,互联网已经重新改造了衣食住行的行业价值链。如今中国规模最大的服装公司是阿里巴巴,最大的餐饮集团是美团,最大的出租车公司是滴滴……企业千万不能忽视互联网和科技的发展,它们正在重构行业价值链。

今天放眼望去,To C(面向终端客户)的衣食住行的改造已经完成了,在价值链重构的过程中,出现了如阿里巴巴、美团、饿了么、滴滴、拼多多、携程这样的巨无霸企业。客户端改造完以后,现在大家都开始抢To B(面向企业客户)的行业价值链重构。

早在4年前,阿里巴巴就已经用阿里云改造了著名的杭州四季青批发市场。过去买家至少要花1~2天进货,但今天利用云市场,买家在家里就可以了解市场行情、货源情况,直观地看到哪些档口有新货,哪些是热卖货品,哪些利润率比较高……

科技和互联网对企业的改变真的是惊人。不久前,我邀请一位智能化领域的全球顶级科学家给集团学员上课。在交流过程中,他给我讲了一个真实的故事。

几年前,一位投资人来找他。这位投资人投资了一家4S(集整车销售、零配件、售后服务、信息反馈四位一体的汽车销售企业)汽车电商供应链服务平台,这个平台在全国一共有4万多家店。按照传统做法,他们必须要派市场督导去管理这4万家门店。投资人做了一个测算,按照行业历史数据,一个督导能管理二三十个门店,那么要管理好这4万家门店,一年的督导工资成本大约为6 000万元。

投资人觉得这笔成本太高了，而且即便企业花了 6 000 万元，这群人还是经常会被其他互联网公司挖走。于是，他们找到了这位科学家，请他根据市场督导的职责，帮助企业开发一套智能化目标管理系统。有了这套花费几百万元的智能化系统，投资人现在只需要 10 多个督导就可以管理 4 万家店，这家企业每年能节省 5 000 多万元的成本，这就是科技的力量。

2019 年 9 月 26 日，全球知名的咨询公司麦肯锡宣布，要在美国明尼苏达州成立它的第一家现代零售店，这家店会出售内衣、珠宝和彩妆。

麦肯锡是要转型零售业吗？并不是，麦肯锡开店的目的，是亲自下场感受科技给零售业带来的改变。这家店大量采用智能镜子、加密支付、大数据等一系列科技工具。可以预见，未来这些经验都将被麦肯锡提炼成方法论，反哺麦肯锡的咨询项目。

行业一定会改变，科技一直在发展。我们不能漠视这些改变，只有逼着自己去学习，去了解，去实践，才不会沦为行业价值链改造的牺牲品。

第三个变量：企业

企业端出现的最大的一个变化，是竞争升级了。

过去，企业的竞争对手可能就是本国的同行，但是如今企业面临的是无国界竞争。互联网成为新基础设施后，时空的隔阂被一下子打破，企业的竞争升级了。

尤其是移动互联时代到来以后，消费者的选择大大增加，国内跨境电商数不胜数，消费者不用出门，就可以买到日本、欧美最好的产品。所以，今天企业的竞争对手不再是体量相似的本国企业，而是全球最好的企业。

2019年上半年，美国第二大零售商开市客（Costco）在中国开设了第一家线下店，开业当天就人流爆满，不得不进行限流。事实上，两年前开市客就在天猫试水，开了网上旗舰店。

为什么它的第一家线下店要选址在上海闵行区？因为网上的购物数据显示：开市客的所有消费者中，来自华东地区的客户最多。因此，选址闵行不但可以服务上海的客户，还可以兼顾从江苏和浙江过来的客户。

无国界竞争，是企业不得不面对的现实。今天大家都垂涎中国14亿人的大市场，整个市场的竞争态势会变得越来越激烈。

第四个变量：组织

老客户流失了，新客户越来越难找，这件事情谁最先知道？一线员工。

然而，一线员工知道了又能怎样？他们没有权利，甚至没有能力做出应对。当企业家反应过来的时候再去应对，客户早就流失了，这是当下企业经常会遇到的问题。随着竞争升级，这个问题只会越来越严重。

这个问题根源在于企业家忽略了组织这个变量。

今天大部分组织都采用科层制架构。所谓科层制，也叫官僚制，最早是由德国政治学家马克斯·韦伯提出。韦伯认为，劳动分工和专职化促进了专业化，但专门的工作必须通过组织的等级制进行协作。在20世纪，科层制的组织架构确实对于提升组织效率起到了关键性的作用。譬如，1892年，美国通用电气公司从总经理到工人的层级达20层。经过20世纪60年代的削减，还剩下7~9

个管理层级。因此,科层制最大的特点就是层级多。

每个层级都像一个隔热层,层级越多,组织对于外部的变化就越不敏感。在我们所接触的中小企业客户中,即便再小的企业,都至少有 4 个层级,即副总—总监—经理—员工,稍大一些的公司甚至设置了 5~6 个层级。

如此烦冗的层级是如何推动公司发展的呢?靠的是高层集权,中层监督,一线执行。企业的决策权力都集中在副总和总监手里,中层监督一线员工,通过公司制定的一系列标准化流程去执行落地。

不可否认,在工业时代,科层制确实提升了企业的效率。但是,如今的互联网时代是知识经济时代,市场环境每天面临着 10 倍速的变化,科层制的组织形式已然无法适应新的环境,一手市场信息层层过滤、层层衰减、层层修饰,最终传达到高层决策者那里时,早已与实际情况脱节。

在不确定的市场环境下,这种自上而下的计划性体制与高速变化的市场环境形成了巨大的对抗力。当市场发生变化的时候,这种组织模式会表现得相当无能。这也是海尔、韩都衣舍、永辉超市等优秀企业探索组织变革的根本原因。

这种多层级的管理模式在高速变化的市场环境下会导致什么问题?

一是员工关注的不是市场、用户,而是领导。员工的工作不是成果导向,而是马屁导向,唯上心态严重。虽然一线员工离市场最近,但他们没有决策的权力,都是领导怎么说他们就怎么做,但问题是,领导认可不等于用户认可;二是带来了高层的决策瓶颈。企业的决策权集中在高层手中,但高层离市场太远了,当他们看不见真实的市场情况，自身的经验又过时的时候，悲剧就会发生。

最后这一切都是由老板买单。中高管理层如果决策失误，可以拍拍屁股走人，但是老板走不了，这个烂摊子还得自己来收拾。

市场每天呈现十倍速的变化，对手层出不穷，所以企业面临的问题也是层出不穷。反过来观察员工，因为企业是科层制，所以员工只承担有限责任，而且老板也没有授权他去应对这些问题，最后就变成了死局。

面对这个挑战，为了推动企业的增长，我们在过去的两年时间里从表象一点点深挖，发现企业面临的根本问题就是组织架构的问题：组织层级多，决策者离市场太远，对市场的变化反应太慢。因此，组织端也是一个巨大的变量，组织的权力亟须重新分配，来强化组织的敏捷度。

今天大部分企业家都觉得企业在激变的环境下力不从心，十分焦灼。如果在这四个变量中寻找一个变量作为突破口，你会选择什么？

我问过不少企业家，很多企业家的选择是顾客，但是我们建议选择组织作为突破口。因为企业控制不了顾客，但可以激活组织。

如何通过组织的变革，来回应现实和时代的变化，是企业家必须要思考的关键问题。尤其对于中小企业而言，取胜的唯一机会在于保持企业的灵敏度，让组织的末端能够更快地对变化的市场需求做出回应。

追根溯源，组织的本质是人。如何通过对组织权力的重新分配，打破官僚体制，激活人的潜力，让一群人有权力、有愿力、有能力去回应市场的变化，调动自己全部的潜能去抢竞争对手盘子里的份额，激发组织内部最底层的动力呢？这应该是增长问题上最亟须解决，也是最底层的问题。

对于这个底层问题的解决方案，我们不能"头痛医头，脚痛医脚"，而是要"系统式调理"。我们所提倡的组织变革，并不是让企业盲目抄袭一些成功企业的招式，而是要学习一套系统的调理方案。企业家想要理解这套系统的调理方案，就要从增长的逻辑开始梳理。

存量时代的增长逻辑

过去十几年，我在辅导中小民营企业时，发现很多企业家都是典型的"被成功所害"，他们习惯于沿用在产品稀缺时代形成的粗放经营逻辑，来应对如今的挑战。管理学大师彼得·德鲁克说过："动荡时代最大的危险不是动荡本身，而是仍然用过去的逻辑做事。"

从根本上说，这些企业家没有看清楚今天中国企业所面对的这四个变量。企业没有围绕这些变量进行改善和升级，最后的后果就是企业亚健康，内部出现三低与三高。

企业没有能力应对挑战，一定会出现低增长，低增长导致低信心，低信心带来低行动，低行动反过来造成更低的增长，这是一个负循环。

三高则是老板高焦虑、企业高风险和人才高流失。

要想解决企业的三低三高，改善企业的亚健康，重新找回企业的增长曲线，我们还是要从增长的本质开始梳理。

先思考一下，企业增长到底是靠什么驱动的？

由于做培训和咨询的原因，我们每年会接触上万名企业家。但实事求是地讲，大部分老板只懂得增量时代的玩法。过去40年中国是增量市场，许多市场还是一片处女地，企业东撞撞西撞撞，就能撞出一条路来。但是，未来中国一定是存量市场，企业在每条赛道上都会遇到竞争者。

这时候企业家就应该回归增长的本质，找到存量时代的增长逻辑，尊重商业的规律，按照商业的逻辑走，这样企业才有可能在存量时代活下来。今天的经营者面对的就是一场零和游戏，我们必须要找到存量时代的增长逻辑，要么抢别人的，要么被别人抢，创业本身是一场勇敢者的游戏，只有极少数掌握了存量时代增长逻辑的高手，才能在游戏中胜出。

如果说"撞"是增量时代的增长逻辑，那么"抢"就是存量时代的增长逻辑。两者的区别在于撞是不需要设计的，凭借的是企业家的一腔孤勇和上天给的运气；而抢是要企业家按照经营的逻辑来进行设计的，也就是说，企业家一开始就要为企业增长设计好路线图。

回顾我的职业生涯，25年来我经历过两个行业。第一个行业是户外广告行业。1995年我进入户外广告行业时，这个行业刚好处于行业生命周期的顶点。然而，不过短短10年时间，这个行业就被新媒体所取代。过去那些户外广告行业里最好的公司，今天大多已消亡殆尽，因为现在人人都是自媒体，一部手机就是一个媒体。

那我所在的户外广告公司凭什么还活着？因为我们创业的第一家公司风驰传媒是被上市公司收购的。被收购以后，我做了4

年职业经理人。合同到期以后,我进行了二次创业,进入了教育行业。

一路走来,我们见证了行业的生命周期越来越短,如何让企业的增长曲线始终跑赢行业的生命周期?当第一根增长曲线下滑的时候,你要找到第二根曲线;当第二根增长曲线下滑的时候,你要找到第三根曲线……如此循环往复,让企业每年保持两位数以上的增长。这是经营者最需要思考的问题。

经营只有起点,没有终点,所有经营者都必须为企业的持续增长负责。一切都是为了活下去,经营者不仅要让企业活在今天,更要想清楚未来的路线。

为了完成这个艰巨的任务,多年来我们一直保持着一个非常好的传统——开闭门会,号召大家群策群力,只思考一件事情:未来应该怎么办,如何激发企业的增量潜能?

经营者不妨回想一下,你有没有做过这件事?《孙子兵法》有云:"先胜而后求战。"如果经营者没有提前反复盘算、多方位设计,那企业凭什么实现增长?

过去我做职业经理人时,公司内部流行一句话:"去年年底定胜负。"意思就是前一年的年底,我们就已经把第二年增长潜力的路线图画了出来,接下来我们要做的就是围绕这条增长曲线,不断改善产品、客户和员工的配置模式,提升组织达标力。如果经营者没有想清楚企业未来增长的机会点在哪里,就难以从产品维度、区域维度和员工维度去寻找增长新曲线。

海尔增长的双螺旋

复盘海尔集团35年来的六次变革,我越发清晰地认识到:企业增长是一个双螺旋，一个螺旋是未来战略，另一个螺旋是组织战斗，两者都做对了，企业才能增长。

第一次变革：1984—1991年，名牌战略 × 全面质量管理[①]

1984年年底，张瑞敏接手了负债147万元的青岛电冰箱总厂。为了让员工过个好年，刚刚上任的张瑞敏只能放下身段，四处借钱给员工发放工资。

1985年的某一天，张瑞敏接到一封用户的投诉信，用户在信中投诉海尔生产的冰箱存在质量问题，张瑞敏决定亲自去库房检查。最后发现，仅库房内的冰箱就有76台是不合格的。为了唤醒全体员工和管理层的质量观念，张瑞敏上演了企业史上有名的"大锤砸冰箱"，就此拉开了海尔第一次变革的序幕，定下了海尔的第一个战略——名牌战略。

名牌战略需要名牌产品，因此，张瑞敏选择聚焦冰箱这一品类，对全公司上下开展全面的质量管理变革，发布"质量零缺陷"宣言，构建出一套"零缺陷"的质量管理体系。这是海尔历史上的第一次组织变革。

第二次变革：1992—1998年，多元化战略 × OEC 管理

经过7年的发展，海尔终于成为中国家电领域的名牌企业，在管理、技术、人才、资金、文化等方面都积累了可移植的管理经验。第一次变革的任务完成后，海尔开启了多元化发展战略，把产品线扩展到了洗衣机、冷柜和空调等白色家电市场。1997年

[①] 参考《海尔转型：人人都是CEO》，曹仰锋著，中信出版集团，2014。

9月，海尔在中国白色家电领域的市场占有率名列前茅之后，海尔又开始进入黑色家电、信息家电等领域。

为了支撑海尔多元化战略的发展，张瑞敏不断进行组织管理模式的创新，其中最著名的当属海尔的OEC模式，即"日事日毕，日清日高"。

与上一阶段的全面质量管理不同，张瑞敏在这一阶段更加注重组织的执行力和效率。

第三次变革：1999—2005年，国际化战略 × 市场链管理

1999年4月，海尔在美国建立了第一个生产基地，预示着海尔的国际化战略揭开了新的篇章，海尔希望能够在海外实行本地化设计、制造和营销。然而，海尔与有100多年历史的海外跨国公司的差距还很大。

实现弯道超车的唯一办法就是两条路：创新和速度。

如何才能激发创新和速度呢？张瑞敏想到的是，把市场机制引入海尔内部，让每个员工的利益都与市场挂钩，让每个员工都充分感受到市场的压力。

针对这个"市场链"机制，海尔开启了系统的流程再造，以信息化、扁平化和网络化为原则，颠覆了传统的组织结构，最终使员工能够以最快的速度满足用户的需求。这个过程听起来很美好，做起来却非常累，仅仅5年时间里，海尔的组织结构就调整了42次之多。

在完成流程改造之后，海尔又开始了对人的改造。一是要把每个人从客体变成主体，让他们成为公司的经营者；二是要求所有员工的工作都围绕一条主线，将签下订单到满足用户需求形成

一个闭环；三是把每个人都打造成一个战略业务单元，每个人都要从自己的经营中得到收入。

第四次变革：2006—2012 年，全球化品牌战略 × 人单合一

2006 年 12 月，张瑞敏宣布海尔进入全球化品牌战略阶段，其核心是要将全球资源为海尔所用。和西方的家电企业相比，海尔的发展时间只有 20 多年，要用 20 余年的资源去对抗跨国公司上百年的积累，并不是件容易的事。

因此，海尔的梦想是通过建立战略联盟在全球整合资源，转型成一个巨大的平台型企业。

为了支撑这个梦想，张瑞敏在海尔全球经理人年会上提出了人单合一的组织变革模式，即通过人单合一的管理模式，让每个员工都成为自主经营体，成为老板，海尔则成为一个平台型企业，为员工提供资源和支持。

对于人单合一，张瑞敏解释道：人就是员工，"单"表面上是订单，本质是顾客资源。表面是把员工和订单合一，实际上这种理解是有些片面的，但订单的本质是顾客，包括顾客的需求、顾客的价值。人单合一，也就是把员工和他应该为顾客创造的价值"合"在一起。

第五次变革：2012—2019 年，网络化战略 × 共创共赢生态圈模式

2012 年，伴随着海尔进入第五个发展战略——网络化战略阶段，"人单合一双赢"管理模式升级为"人单合一 2.0——共创共赢生态圈模式"。"人"从员工升级为利益攸关方，"单"从用户价

值升级到用户资源,"合一双赢"升级为"合一共赢",最终目的是建立共创共赢生态圈,实现多方共赢增值。因此,今天的海尔已经变成了一个超级孵化器。

截至 2019 年 12 月,海尔已成功孵化了 4 家上市公司,在全球设立了 10 大研发中心、25 个工业园、122 个制造中心、106 个营销中心,拥有海尔、卡萨帝、统帅、美国 GE Appliances、新西兰 Fisher&Paykel、日本 AQUA、意大利 Candy 等智能家电品牌;日日顺、盈康一生、卡奥斯 COSMOPlat、顺逛等服务品牌;以及海尔兄弟等文化创意品牌。

近几年做咨询的过程中,我们也偶遇了几家与海尔生态链体系相关的企业,而这些企业都与海尔孵化的小微企业有战略合作或技术合作。正是海尔孵化项目的全面开花,支撑了海尔的持续增长。

第六次变革:2020 年—?,生态品牌战略 × ?

2019 年 12 月,海尔智家客户端正式上线,这标志着海尔正式进入了第六个战略阶段,并开始向物联网生态的方向全面迈进。一方面,海尔要从价格交易转型为价值交互,打造物联网生态品牌;另一方面,海尔也期待用"有温度的交流",拉近与用户的距离。

这次海尔的战略调整又会带来怎样的组织变革,我们拭目以待。

从海尔 35 年来的发展史来看,海尔的每一次战略调整都会带来一次彻底的组织变革,二者之间往往是相辅相成的,这也从一定程度上验证了双螺旋增长模式的作用,只有未来战略定对了,组织能力跟上了,企业的增长引擎才能启动。

图 1-3　海尔集团近 21 年营收增长趋势图

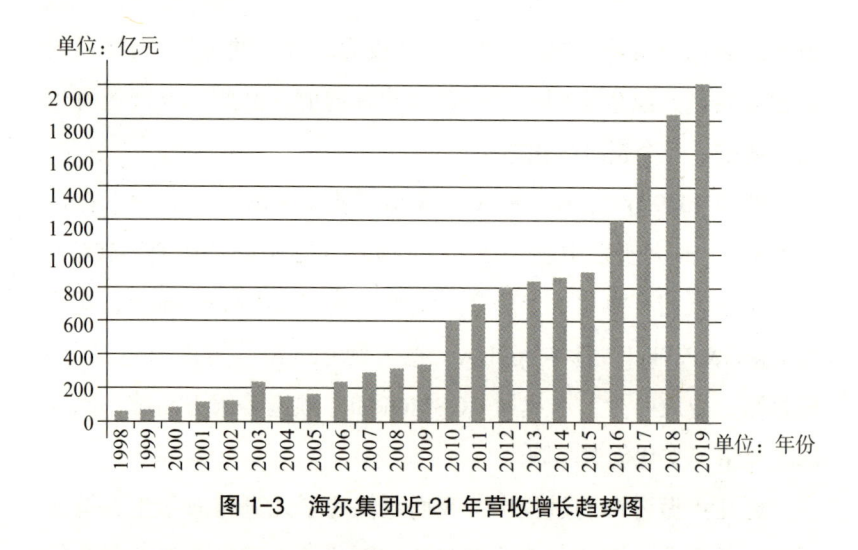

增长 = 未来战略 × 组织战斗力

从海尔的转型案例中，我们可以得到一个公式：增长 = 未来战略 × 组织战斗力。企业的增长是由未来战略和组织战斗力共同拉动的，这是商业的本质规律。一家企业要成功，首先企业的未来战略要清晰，接下来，为了支撑未来战略，企业家要思考如何提升企业的组织战斗力。

我们也在经营中验证了这个规律：一是多年来，我们团队一直持续深入研究优秀企业的成功经验。为了更好地理解商业规律，我们先后多次到德国、日本、美国硅谷等地探访优秀企业，虽然大家形态不同、行业不同，但是商业逻辑是可以学习的。二是来源于我们自己的经营实践，包括我过去做职业经理人时受到的训练，我进行二次创业的经历，以及行动教育集团对这套经营逻辑的践行。

前文提到，当你的企业不增长的时候，不要归罪于市场环境，因为市场环境只会越来越复杂，所以你应该把焦点转移到企业的未来战略上。如果环境变了，你的企业马上不增长了，这其实是市场给企业家发了一个信号：你的企业不具备应对环境变化的能力，因为你没有提前做好未来规划。

我们这5年快速发展的转折点是在2014年。当时集团内部出现重大分歧，直接造成了公司历史上的第一次亏损。为了挽救危局，多年来一直不负责业务经营的董事长决定重回一线，亲自出任总经理。彼时，团队人心浮动，许多员工都在静观动向，随时准备做去留的决定。

作为一把手，要如何安定人心，让所有人心往一处想，力往一处使？要扭转企业当下的败局，应该从哪里下手？对于任何一个管理者而言，这都是极大的挑战。

董事长上任后做的第一件事情是花大量时间和股东、高管讨论：未来5年我们要成为一家什么样的公司？这样做是为了把高管们从问题的泥潭中拉出来，把所有人的焦点都转移到未来。接下来，董事长描绘了一个让高管们十分兴奋的未来。2014年年会上，董事长在发言时一直在描绘集团的未来。

- 行业定位：未来5年，我们要成为企业家职业教育第一品牌；
- 市值目标：5年后，公司市值要达到50亿元人民币；
- 客户价值：帮助企业家系统提升工商管理能力；
- 企业价值：实效第一，大道至简；
- 收入规模：5年后，要实现税后净利润1亿元；

要知道，当年我们正深陷亏损的泥潭，董事长却敢定出这样的高目标，许多人等着看笑话。但是，仅仅 4 年后，集团税后净利润就已经超过了 1 亿元，提前完成了业绩目标。

万物得其本者生，百事得其道者成。经营企业的"本"与"道"就是一个企业家的增长思维。思维方法决定人的思维能力，思维能力是一个人最大的竞争力。思维不一样，人们做出的决策会大相径庭。

颇有意思的是，在我的方案班现场，企业家一般会带着其高管团队一起来上课。每次课程现场，我都会做一个测试：请企业家和高管们就企业的行业定位、市值目标、客户价值、企业价值和收入规模这 5 个问题，各自描述一下企业 5 年后的图景。

测试结果显示，25% 的企业家对于企业的未来发展方向根本没有清晰的规划，25% 的企业家仅有一些模糊的想法，50% 的企业家有比较明确的想法。而高管团队的测试结果更是惨不忍睹：90% 以上的高管根本不知道企业未来 5 年，甚至未来 3 年的发展规划；仅有不足 10% 的高管了解部分规划。

这个简单的测试背后，暴露了什么问题？

经营者的思维方式不对

经营高手的逻辑是"先算后做"，他们一定是先有未来规划，倒着想，正着做。而一般经营者恰恰相反，他们不习惯做长期规划，总是先把产品生产出来，至于卖得好不好，那就看运气吧！

在产品稀缺时代，市场里供给太少，需求旺盛，用"先做后算"的思维逻辑，大多数企业也可以盈利。但今天供需关系已经彻底颠倒了，如果你还是以前的思维，那么自然而然，你就会觉得生意越来越难做。

而成功企业家的思维永远是先算后做，先盘算清楚：未来这家公司要做成行业第一吗？如果成为行业第一，我必须要做到多少市值？年收入和利润分别要做到多少……然后再根据未来的终极目标，指导企业如何配置资源：我们要服务哪一个用户群体？为他们创造什么样的价值？用什么产品和服务来创造价值？需要选择什么员工才能为客户创造这样的价值？

为什么中国民营企业的平均寿命只有3.6年，能经营20年的民营企业不足1%？其中一个原因就是其经营者看得不够远，格局不够高，视野不够宽。经营企业必须要走一步看五步，甚至十步。格局越高，企业越安全。这背后的道理很简单，虽然市场变幻无常，未来是不确定的，变化不可能被管理，但是企业定下的未来目标是可以被管理的。企业定下的目标越高，实现它的时间跨度越长，企业家就越会提前布局，为未来投入精力和资源。在这个过程中，企业就能练就达成目标和应对变化的能力。

华为凭什么能在如此艰难的条件下实现两位数的增长？任正非的逻辑是什么？30年来，华为的规模从几百人、几千人、几万人发展到18万人，只对准信息传送领域这个"城墙口"冲锋。在欧盟发布的2018年工业研发投资排名中，华为排名全球第五。

1987年时，任正非借了2万元才创立了华为，虽然当时中国的通信水平比非洲还落后，在全球排名120位开外。但任正非看到的是，20年后，华为要成为通信行业全球第一的公司。

今天华为的员工总数超过188 000人，员工的结构层次呈倒三角状，超过90%的员工有本科及以上学历，其中70%是硕士，有10 000多名员工是博士，此外华为还储备了2 000多名科学家。华为的业务结构也呈现倒三角状，研发人员约占45%，销售与服务人员约占35%，管理人员和生产制造人员各占10%左右。迄今为止，华为的业务和服务已经覆盖全球170多个国家和地区，在全球创立了36个联合创新中心、15个全球研发中心。华为不断围绕全球第一的未来目标，在人才、研发上投资未来，这才是华为对抗恶劣环境时的底气所在。

有人可能会说，华为是大公司，所以有条件投资未来。如果你是这样想的，那你就倒果为因了。恰恰是因为任正非从创业期开始就持续为未来投资，才有了华为的今天。

老板和管理班子没有共享同一个未来

在明确了企业的未来目标后，企业家还要与高层进行沟通。老板是定方向的人，不是执行者。战略要执行到位，老板还要授权给高管。老板和高管必须统一频道，共享一个未来，让高管和老板一样兴奋。所以，我经常强调，企业家越会贩卖梦想，企业就会做得越大。

在辅导企业的过程中，我们发现很多老板对于事业发展都很有想法，对于企业的未来都有很好的战略规划。但问题是老板自己想清楚了，下面的高管团队却不知道老板是怎么想的，高管们各有各的想法。所以在接触高管团队时，我会明显地感觉到有些团队的"神"没有聚在一起。这群人没有发自内心地认可企业的未来发展方向，怎么可能有执行力？

每年年底，我们公司都会开很多次会议，在反复讨论、一次次互动中达成共识。我请教过一些头部企业家，他们也非常重视在年底规划未来。这些企业家会与管理层讨论，凝聚所有人的力量，调动大家的智慧，规划共同的目标。群策群力，反复沟通，能让大家力往一处使，能激活管理层的潜力。因为参与感是第一重要的激励要素。

增长的第一个核心要素就是清晰的未来战略。一件事没做到位之前，企业家就要看到、想到，最后才可能做到。因此，真正导致大部分企业不增长的核心原因，不是环境，而是企业家缺乏对未来的思考和规划能力。

北京大学国家发展研究院 BiMBA 商学院院长陈春花教授说："外部环境始终充满不确定性，与其预估不确定性是什么，更重要的是选择确定的是什么，一定要向内获得力量，向外获得共生。"

真正的高手可以从不确定性中找到确定性，把不确定的未来变成一个确定的未来目标。然后把这个高目标当作一把标尺，找出为了实现这个高目标，企业应该如何来配置资源？目前还缺什么，如何补足能力的短板？

从本质上看，企业与企业之间的竞争，最后拼的就是资源配置的能力。当变化到来的时候，跟竞争对手比，你的准备更充分，你的资源配置更高级，那么你就能比竞争对手更好地应对变化，你就赢了。这才是取胜的逻辑。

回顾我们集团的发展史，在 2014 年时，我们根本不知道未来 5 年会发生什么，但是董事长为集团定了一个 50 亿元的市值目标，并基于这个市值目标来指导我们的人、财、物、销等资源的配置。

基于这个目标，集团必须要跨区域发展，必须要有1 000人左右的团队，至少发展30家子公司；公司必须要培养第二人才梯队，培养分公司总经理；公司要做线上线下的布局，服务更多的企业家；公司必须要做一个市场化的商学院，因为我们要系统地提升客户的工商管理能力。然后，我们要把产品销售出去，创造1亿元的税后净利润。

在未来目标定下来以后，一个不确定的未来就瞬间变得清晰了。

以我们的在线商学院为例，5年前，我们就开始储备线上教育和互联网人才，一路跌跌撞撞，牺牲了一拨拨的人才，才走到了今天。市场环境发生变化后，知识付费变得炙手可热，这时我们已经练了三四年的兵。当一部分客户的消费习惯从线下培训转为线上教育时，我们的团队已经有能力满足这部分客户的需求了。否则，这部分有在线学习习惯的客户就被其他企业吸走了。最后客户发现，我们公司也有线上产品，而且比其他线上平台更有实效，所以这部分客户不仅没走，反而黏度更高，还为我们转介绍了产业链条上的许多新客户。时至今日，我们的在线商学院已经积累了50万用户。

所以你看，如果没有在5年前就开始为未来做准备，我们会损失百分之二三十的客户，而且这些客户走了以后就回不来了，因为他们的消费习惯已经变了。

在李嘉诚的商业系统里工作的4年，我得到的最大财富就是知道了首富的经营思维——他会站在未来决策现在，懂得规划未来，贩卖未来，这是他最终能跑赢竞争对手的核心竞争力。

当然，未来战略只是增长的一个因素。另一个更重要的问题是如何才能将未来战略执行到位，这考验的是组织的战斗力。

未来战略的核心在于企业家思维方式和观念的改变。观念的问题就像是一层窗户纸，可能一捅就破了。一旦企业家校正了自己的思维方式，再配合专家顾问的辅导，就可以定下一个可行的战略。这个世界上本就没有完美的战略，只要方向对了，后面还有机会反复迭代。所以相对来说，未来战略是比较容易确定的。

企业真正的挑战在于组织战斗力，假设两家企业同时具备了规划未来的能力，那么谁的团队能够更快地将未来战略执行到位，谁的战斗力就更强。因此，企业竞争的决胜关键点在组织能力。一位经营者除了要关注未来战略，更重要的是思考如何让整个组织以最大效率运转，以及如何通过组织创新来提升自己的组织战斗力。

什么样的企业组织能力强呢？我们可以用一个指标来评估——人均利润，它代表了企业的组织能力。

我有许多客户都在经营连锁型门店，因此我一直比较关注这个领域的人均利润。这个领域最优秀的企业当属日本的7-11便利店，2016财年，这家企业的人均利润竟然超过了阿里巴巴（阿里巴巴2016财年的人均利润是117万元人民币），高达120万元人民币。

看到这个数字时，我在心里默默地计算了一下，我们集团2018年的人均利润才10多万元，还不足这两家企业的10%，这就是组织能力的差距。

你也不妨测算一下，自己公司的人均利润是多少？与这两家企业相差多远？

对于企业而言，如果未来战略定到 9 分，而组织能力只有 1 分，不如将战略定到 5 分，把组织能力拉到 9 分。最后企业的成败拼的是两个要素的乘积，你的分数比对手高，你就赢了。

最后总结一下这个增长公式，企业家要想找到新的增长曲线，需要做些什么？

首先，企业家要按照终点思维来配置资源。只有先从终点出发，才能做到资源的精准配置，降低试错成本。因此，企业家必须要有制定未来战略的能力，要走一步看五步甚至十步，然后基于未来 5~10 年要到达的目标位置，一一对应地配置资源，培育人才。一旦企业提前配置了资源，当竞争升级、客户、科技等因素发生变化的时候，企业家就可以比对手更好地应对这些变化，获得赢的机会。

当企业的未来画像清晰以后，企业家还要花大量的时间和精力提高组织战斗力。每家公司都需要一套从战略到执行的系统。一个企业能否把定好的未来战略执行到位，取决于它的组织战斗力，这是很多企业家都会忽视的问题。

过去，中国是一个增量市场，因此，大家都习惯了把时间和精力放在业绩增长上，很少关注组织能力。但是，存量市场的蛋糕就这么大，怎么才能抢得过别人？此时组织战斗力是制胜的关键点。更直白地讲，企业就是要通过激活一群人的潜力，增强组织中每个人的能力，来刺激业务的增长。

改善亚健康：激活潜能的增长模型

既然企业的增长是由未来战略和组织战斗力双螺旋拉动的，那么我们不妨把这个增长的公式拆开，考察企业应该从哪些维度改善企业的亚健康。

第一个维度：未来画像

未来战略要靠未来画像落地。未来战略是方向，我们还需要画出通往未来战略的具体路径，即未来画像。企业要站在未来去决策现在，因此，企业家至少要想清楚5年后企业应该长什么样子。我把未来画像拆分为三个关键战略和策略。

- 市值目标。市值目标是企业的最高战略。一家企业可以不上市，但是一定要有市值目标，因为市值是一家企业价值的总和，它代表5年后市场对企业的整体评估。下一章我们将重点解读为什么企业需要制定市值目标，以及如何制定市值目标。
- 经营战略。市值目标决定经营战略，资本青睐行业第一的企业，因此，居于行业第一的企业才更有可能拥有市值或估值。企业如何才能在细分市场抢到第一份额，是企业家在制定经营战略时必须要思考的问题。
- 增长策略。要抢到第一份额，意味着企业的增长目标必须要高举高打。如何确定企业的增长目标，如何盘点企业的增长机会……我在后文会一一拆解。

第二个维度：组织设计

未来画像画出来后，接下来企业的架子怎么搭？企业目前的组织框架能够支撑未来画像的实现吗？我想企业的组织架构可以从上、中、下三个维度来进行设计。

- 治理结构设计。现在治理结构的设计没有引起企业家足够的重视，因为很多人都误认为企业越不规范越好赚钱。事实正好相反，只有解决了治理结构上分钱和分权的问题，才能堵住企业的漏洞，避免经营者把更多的精力浪费在补漏上。
- 组织架构设计。进行组织架构设计，本质是为了解决协同效率的问题。很多企业频繁调整经营战略，但是从来不调整组织架构。事实上，组织架构是为了支撑战略的分工与授权，如果组织架构不调整，最后战略根本落不下去，公司的组织执行力一定会非常差。因此，企业的组织架构一定要与战略相匹配。
- 管理能力可复制。在服务企业的过程中，我们经常会看到一个现象：当企业成长到一个阶段，需要向外扩张的时候，基本上每跨出一个省，企业的效率都会打折扣。出现这种现象，本质上是因为这家企业的管理能力不可复制。商业模式的复制容易，而管理模式的复制很困难。在后文中我会给出解决这个问题的具体方案。

第三个维度：组织合伙人设计

在组织结构搭好以后，接下来企业家要解决的问题是，企业的人才怎么配置？在这个组织里面，谁能与企业家一起扛起增长的责任，共同努力实现未来画像？

增长的发动机是人。要想让每一个员工都成为企业增长的发动机，就需要老板把自己一个人的事业变成一群人共同的事业。

要做到这一点,需要将企业的权力重新分配,相应地,利益也要重新分配。只有重建游戏规则,才能彻底改变人和组织之间的关系。

要激活组织能力,根据企业的未来战略,企业需要三类不同的合伙人。

首先,企业想在一个原点市场跑到第一,就必须发展经营合伙人。谁离一线客户最近,谁对业绩贡献最大,企业家就应该把业务的经营决策权给谁,让他对增量业绩负责。

原点市场拿下以后,企业还要开疆辟土,打开全国市场,这时候企业家就要开放二级公司的投资权,发展投资合伙人,整合内外资源为你所用。通过开放二级公司股权,企业家可以把企业发展所需的资源整合过来,共同抵御竞争对手。

在我们确定未来要塑造一家值钱的公司后,还需要找到事业合伙人,他们能像老板一样无条件地扛起企业增长的责任。企业家要通过开放顶层公司的原始股权,把这群人变成事业合伙人,让他们和老板一样全力以赴。

事业合伙人是企业增长的火种,老板要有能力点燃这些火种,让他们成为推动企业增长的支撑点。

第四个维度:机制赋能

经营是一场没有终点的竞赛,对于企业来说,业绩不错还需要更好,没有成功只有成长。2019年实现了增长,2020年还需要增长,2021年要继续增长。

要想让这些合伙人承担企业持续成长的责任,企业家必须要做好机制设计,通过收入的结构性设计,把合伙人的潜能挖掘出来。

最后企业家会发现，这四个环节不是孤立的，它们紧密咬合，层层推动。目前国内并不缺少研究合伙人的课程和书籍，然而大多数的研究都是从法务或财务的角度来解剖合伙人的机制设计。作为一个企业经营者，我隐隐感觉到，这种倾向存在一定的问题：机制是为经营服务的，机制为增长赋能是锦上添花的事。如果企业一上来就只想改变机制，而没有从经营的角度把企业的增长之路打通，那么改变机制只能带来短暂的效果，只能解决合伙人的初始动力问题，无法保证这些合伙人有能力、有路径去推动企业的持续增长。一旦企业无法增长，合伙人就会感到失望，仿佛黄粱一梦，变革最终也会归于尘土。

因此，要想真正把组织合伙人制落地，企业不能直接从术的层面去改变机制，而是要从经营的"大道"开始梳理，把企业经营的本质规律找出来，把企业增长的逻辑贯穿起来，使得这四个环节成为一个闭环系统，才有可能保证合伙人变革真正起到推动增量的效果。

从这个角度看，要用组织合伙人制去推动企业增长是一个系统工程。企业家要想找到企业的增长曲线，就必须要做系统性的变革。企业家需要把四个关键环节串起来，让它们形成一个正向循环。

未来画像—组织设计—组织合伙人设计—机制赋能，它们之间环环相扣：未来画像决定组织设计；组织设计完成以后，企业要根据未来画像匹配相应的组织合伙人；为了激发组织合伙人的潜能，企业必须要用机制来赋能。最终四个要素共同支撑未来画像的实现，形成了一个完整的闭环。如此循环往复，维持企业与人才之间的信用飞轮，推动企业的发展。

第一章　增长的本质

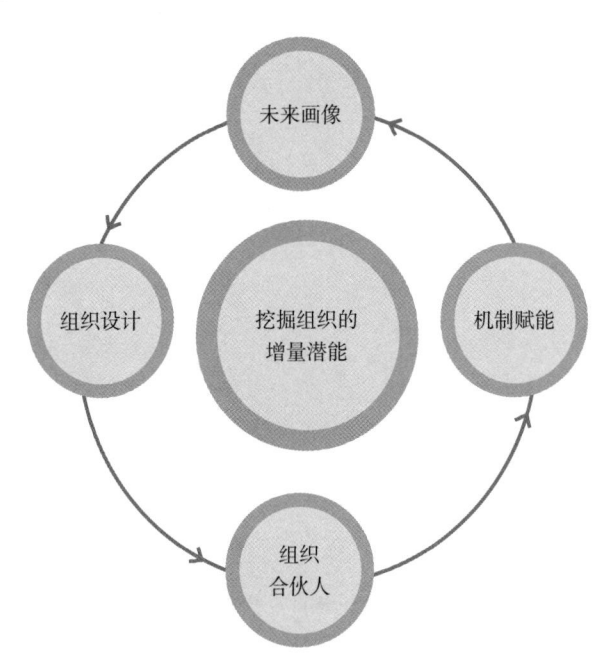

图 1-4　企业增长的闭环模型

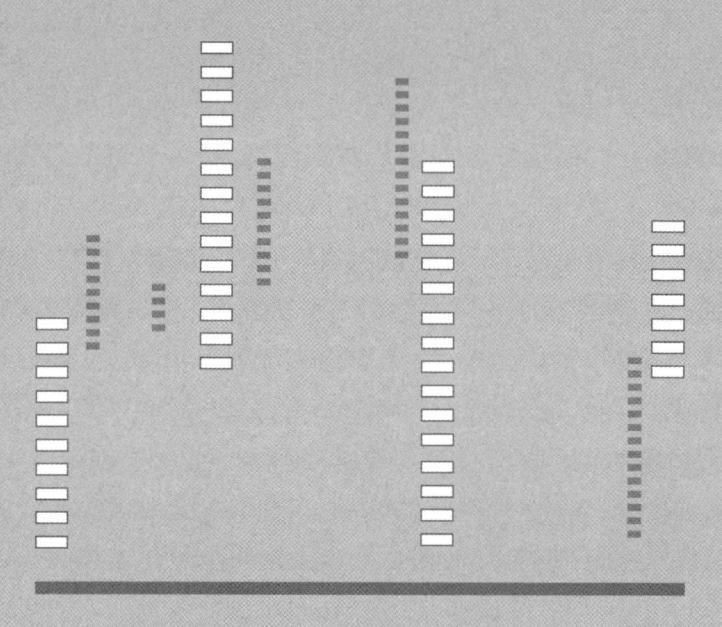

第二篇

未来战略：
5 年后，你的公司还值钱吗？

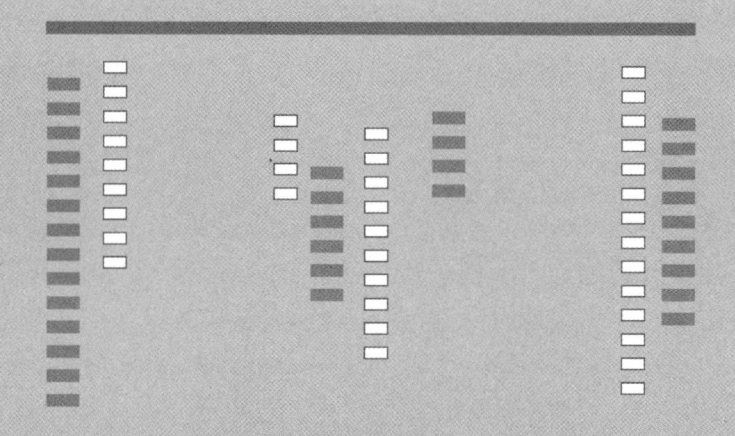

第二章　市值目标是企业的最高战略

企业家的第一要务：思考未来

经常有人问我：为什么要做未来战略？我的答案是，为了管理不确定性。

企业最难的是活下去，尤其是在不确定的未来活下去。当市场发生变化的时候，今天企业所有的优势都有可能会变成劣势。譬如，过去我们服务的很多传统企业在线下有成功的经营经验，但是，当互联网时代来临，很多传统企业的老板突然不知所措，因为他发现用户的需求变了，购买习惯变了，过去企业庞大的销售网络反而变成了发展的阻力。当他意识到这个问题，再着手准备的时候，已经来不及了，他的客户已经变成了别人的客户。

怎么把不确定变成确定呢？这就好比开车，我们要先定下一个目的地——未来5年企业想要到达什么位置，然后围绕那个位置倒过来思考：针对未来的客户，企业应该准备哪些产品；组织架构应该怎么调整……

2004年底，我还在做职业经理人，当我把下一年的预算发给香港总部的时候，香港总部的财务总监给我回电话说："你还差我两个预算！"

我诧异地反驳道："2005年的预算我做得很详细啊！有方法、有策略、有时间节点，我还差你什么预算呢？"

财务总监说："不是，你还要给我一个未来3年和一个未来5年的预算。"

听到这句话，我的第一反应是这也太遥远了，与其说是做预算，不如说是蒙预算。我和公司签订的合同期限是4年，5年后我还不一定在哪里呢！所以我答复财务总监说："3年预算我可以试试，但5年的预算我真做不出来。即便做了，也不符合现实。"

结果人家一句话就把我给打回来了："你是总经理，你可以没有具体的方法和路径，但是你一定要给我描述一下，上海分公司交给你三五年以后的行业排名、营业收入、利润、团队规模是多少？在客户心目中，这家公司代表什么符号？"

说实话，那时我并不明白其中缘由。但是，三年后合同到期，当我清理电脑时，发现了当时"编"出来的两个预算。细看之下才猛然发现，当初认为不可能完成的目标，在合同到期时都已经达成了。

后来，我仔细揣摩：做与不做未来规划，区别就在于如果企业家不规划未来，那么很多重要的事情就不会提前布局。

前年，我接到一位企业家的求助，这位企业家经营了一家建筑企业，他的主要客户都是中小房地产商。近年来由于国家政策调控，银行为了控制风险，不愿意贷款给中小房地产企业，所以这些中小房地产商自然就不敢拿地。客户需求一萎缩，这家企业的现金流马上出现了危机。无奈之下，这位企业家想通过变卖资产或股权换点钱给员工发工资，维持企业的生存。

令人惋惜的是，这家建筑企业是两代人的心血，他们辛辛苦苦经营了30年，才有了今天30亿元的资产规模。不过，虽然这家企业的账面资产有30亿元，利润有4 000万元，可是它的资产基本上都是固定资产：办公楼、挖掘机、搅拌机……利润也只是账面利润，还有一堆应收账款，所以根本没有人愿意接盘。等到现金流出问题了，这家企业才想到转型，可谓是难上加难。

在我的课程现场，每次讲这个故事时，我都会问现场的企业家一个问题：你认为什么样的企业在5年后还能活着？

有人说，盈利能力好的企业；有人说，持续增长的企业；有人说，创新的企业。这些答案都对，但也不对。如果只能选择一个词，那就是"值钱"，它可以囊括前面所有的特质。

这又带出来一个新的问题，什么样的企业才是"值钱"的企业？

我们不妨做一个极端的设想，假设5年后企业家要卖掉自己的公司，有人给你的公司定了一个价格，这个价格超过了注册资本20倍、100倍、1 000倍甚至更多，超过的部分叫溢价，这就是值钱的企业。

令人痛心的是，许多传统企业虽然今天还有利润，在当下还是一家赚钱的企业，但是企业实际上是不值钱的。譬如刚刚提到的这家建筑企业，虽然有4 000万元的账面净利润，但是没人会买。所以，赚钱的企业不一定值钱，反而像拼多多这样的互联网企业，虽然巨额亏损，资本市场却给予它们很高的估值。

这是因为资本市场看重的是企业的未来价值。这验证了企业最难的不是今天活着，而是在未来还能活下去。既然我们已经知道市场评估的标准是未来价值，那么企业家就必须要把企业的未来画像设计出来，倒着想，正着做。

2019年，马云参加欧洲最重要的科技峰会Viva Technology时，法国最大的广告与传播集团——阳狮集团的监事会主席莫里斯·莱维（Maurice Lévy）问他："你是如何建立起了世界上最强大的公司之一的？"

马云答道："大部分时间我都在思考未来，创业初期，我们没有钱、没有技术、没有强大的关系，唯一能跟别人竞争的就是我们如何看待未来……没有人是了解未来的专家，世界上只有了解昨天的专家。当我们在塑造未来，尤其是在技术革命势不可当、改变一切的时候，政府要在聪明的时机做出聪明的决策。我们需要经常思考未来。"

这不是马云第一次强调"未来"的价值，2019年上半年，马云应邀在西点军校演讲时提到，他每天要花6小时思考未来。他笃定，未来10年阿里巴巴都会高增长，因为每3年，他就会为阿里巴巴找到一个增长点。

而中小民营企业家每天花多少时间思考未来呢？我们近距离接触了大量中小民营企业后发现，一些一把手极少花大块时间规划未来，他们陷入琐碎的事情中。这些企业之所以会遭遇增长危机，根源就在于一把手没有区分清楚：哪些事情对企业的未来更重要？如果今天不开始布局未来，为未来配置资源，当未来已来的时候，企业家和团队都没有准备好。

2019年5月，美国商务部工业与安全局将华为列入"实体清单"，这意味着没有美国政府的许可，美国企业不得为华为供货。很快，高通、英特尔、安森美等企业都被禁止向华为供货。不过，华为已提前14年布局了芯片的"备胎计划"，当战火烧过来的时候，一夜"备胎转正"——华为宣布转正自己的海思麒麟备胎芯片计划。迄今已有70%多的华为手机采用了海思麒麟芯片。华为依然活得很好。而中兴通讯，在同一年遭遇芯片断供的危机，却束手无策，为国人狠狠地敲响了警钟。阿里巴巴在10年前就开始启动阿里云项目，开始每年几亿美元的投入都是亏钱的。所有人都反对，但马云说这个项目必须做，因为他知道这对于未来的意义有多大。

那么，企业家应该如何思考未来呢？这个问题看起来有点虚，我们要想办法转虚为实，把未来画像由表及里地分为三个层次，这个过程就好像剥洋葱，从外往里剥三层，它们分别是市值目标、经营战略和增长策略。

企业可以不上市，但一定要有市值目标

在我的课堂上，经常有企业家和高管质疑："我们公司不想上市，为什么要定市值目标？"我会斩钉截铁地告诉他们："你可以不上市，但一定要有市值目标。"

为什么这样说？因为市值目标可以让企业在未来活得更好。只有市值目标能解决企业未来的成长问题。

市值目标是企业生存的需要

一个企业能生存下来，是因为市场认可企业的价值。

而企业的价值是由市值来评估的。市值才是一切商业的总和，它囊括了企业的资产、产品、团队、客户，甚至未来。企业的市值起不来，企业的价值就起不来。

企业的价值在上市后叫市值，没有上市就叫估值，它们代表市场对这家企业未来价值的判断。譬如，如果一家企业市盈率为 20 倍，意味着市场认可这家企业未来至少可以生存 20 年。

市值目标是一家企业的最高战略。企业上市或被收购时，就成了可以溢价流通的商品。一旦企业有了市值或估值，对于老板来说，进可攻，退可守：既可以选择自己做老大，也可以选择被其他公司收购。

市值目标是凝聚人心的需要

市值目标能倒逼所有人把焦点从当下的问题转移到未来。

2014 年，在我们集团最艰难的时刻，董事长想到的第一件事情是上市。有一天，他打电话给我说："你赶紧确认一下中国是不是要推新三板？如果消息属实，我们要成为行业内第一家挂牌新三板的公司。"

事实上，在打那个电话的时候，股东们还在闹矛盾、打官司。后来，我花了一个星期的时间，拜访了所有熟悉资本市场的朋友，最后确认消息无误，然后和董事长一起去见律师。见完律师以后，董事长直接跟我说："公司上市的事情就授权给你了。"

说句心里话，当时我们还是一家亏损企业，我心里完全没有底气。但奇怪的是，这件事情把我的焦点一下子就转移了，我不再陷到问题里面，脑子里每天转的都是：公司上市需要什么业绩？到底推出什么产品，才能完成这个目标？

确定了上市目标以后，我们决定推出行业内最好，也是最贵的商业模式创新课程，一期课程的价格是 88 000 元。听到这个消息后，集团研发副总裁来找我说："两年前我们就想推出这个产品，结果太贵了，根本卖不出去，现在市场行情更差了……"

我告诉他："董事长既然授权给我，那么我一定要把这个产品推向市场，只有努力了才知道结果。"

那时候我们的几十个分公司总经理中，有相当一部分人都在观望集团下一步到底往哪个方向发展。如果经营情况不好，他们就会跳槽。但是，第一期课程一推出，一下子就把集团的许多老客户激活了。这件事情改变了分公司总经理们的想法，许多总经理暂时打消了离开的念头；接下来，第二期课程又开了，效果还不错；第三期课程开了……就这样，第一年我们开了 8 期课程。

挂牌新三板之前，我们为当年度业绩突出的分公司总经理和高管授予了期权。我们通过上市这一目标重新聚合了人心，重塑了一支有战斗力的团队。

站在今天复盘，我们最终靠什么聚拢人心？靠的是"打造一家市值为 50 亿元的行业第一公司"的未来画像。

这件事情给了我很大的感触：董事长定了一个看似不可能实现的目标，但是企业越是困难的时候，越需要这个市值目标。市值目标会把整个团队的焦点转移到未来，转移到该考虑的事情上。而实现市值目标的路径只有两条：上市或被并购。所以，这家公司未来五年要不要上市？如果选择上市，那么选择哪个资本市场？上市时间表如何安排？业绩需要达到什么要求？销售什么产品才能达成业绩要求？

这些问题会倒逼老板们把焦点转移到未来上。从我自己的亲身经历来看，上市时间越明确，最能激励的恰恰是老板自己。

市值目标是人才吸引的需要

越是有企图心的人才，越是需要高目标来证明自己的潜力和价值。试想一下，如果老板的梦想还覆盖不了员工的梦想，员工怎么可能会死心塌地地跟随老板？

几年前，我面试过一个令人印象深刻的人，此人曾经担任百事可乐华东地区一家分公司销售总经理。按照面试习惯，我一般会先问对方30个问题，最后一个问题我会留给面试者，看看他有什么问题需要问我。

在数以万计的面试者中，只有这个人问了一个出乎我意料的问题："未来公司有没有上市的计划？"我好奇地反问他："你为什么会问这个问题？"

他告诉我，他在外企已经遇到职业瓶颈，如果要转换跑道，他希望去一家有上市计划的公司。因为之前他有一个同事跳槽去了一家民营企业，那家企业后来成为第一家登陆创业板的公司。按照他们的职级，是可以在那家民营企业拿到期权的，他的同事一下就实现了财务自由。

了解其中原委后，我追问他："我觉得你很好，我想给你offer（录用信），如果我们公司未来没有上市计划，你是不是就不打算接受我的offer了？"

他坦诚地告诉我："是的。"

非常庆幸的是，我们确实有上市计划，最终他也顺利地加入了我们团队。

利润代表过去，市值导向未来

我们在服务中小民营企业的过程中，每年接触 1 万多个企业，但只有极少一部分企业制定了市值目标。原因很简单，因为这些中小企业的老板觉得自己离资本很远。

对于他们而言，企业经营的最终目标是利润。

如果一家企业把利润当作目标，那么它很难在未来存活，因为利润是企业过去的经营结果，利润解决的是过去的问题，而没有解决未来的问题。

无论是美国企业还是中国企业，市场考核企业只有一个标准——企业价值最大化，企业价值＝股份 × 价格。

因此，把利润当作目标和把市值当作目标这两种经营思路有本质上的不同：前者是以利润为导向的生产经营，后者是以股权增值为导向的资本经营。究竟哪一套思路可以让企业活得更好呢？我们先来考察这两种经营思路不同的竞争逻辑。

企业要赚取利润，第一种竞争逻辑叫时间优先，即企业率先推出新产品，率先卖给消费者，赚取利润；第二种叫空间优先，即企业率先开辟新市场，获得更多客户，赚取更多利润。以利润为导向的企业，其竞争逻辑是时间优先和空间优先。

而以股权增值为导向的企业，会为了抢占行业制高点，先牺牲利润，它们要的是战略选择权。

战略选择权，即行业第一的地位。哪怕占据的仅是一个行业细分领域的第一，企业也有了战略选择权，因为这是行业的制高点。

当企业有了战略选择权，意味着公司的股权会升值，老板就可以通过卖股权换钱，而卖股权代表老板能赚取更高级的"资本利润"，获得更多的"溢价"。当老板赚取更高级的资本利润之后，就能购买时间和空间，夯实企业行业第一的战略地位。

这些以股权增值为导向的公司修炼的是"高手的武功"，它们一旦抢到战略选择权，占到行业第一位以后，就会并购那些有产品研发优势的公司，缩短自己发展的时间。同时，它们也会并购那些有渠道、有客户优势的公司，缩短自己开辟渠道的时间，所以这些企业的发展速度非常快。

为了帮助大家更好地理解二者之间的差别，我给大家举个例子，主角有两位：一家叫现代运通，一家是大家熟悉的携程。

先把时间拉回到2000年，彼时现代运通已经在线下票务行业耕耘了3年，并且已经开始盈利，而当时的携程还是一家刚刚创立半年的新公司，主营在线订票业务。相较之下，现代运通在行业内更有优势：从时间上看，现代运通比携程先发展了近3年；从空间上看，现代运通已经与全国700余家酒店建立了密切的合作关系，会员总量超过40万。

从利润的角度考量，现代运通绝对算得上是一家不错的公司。现代运通成立伊始，每个月都以200%的速度增长，很快成长为全国最大的酒店分销商，一个月的订房数达到了两三万间。而彼时的携程，一个月的订房数只有900间左右。在携程兼并现代运通之时，其规模和收入还不足现代运通的1/4。

面对在时间和空间上都遥遥领先的对手，携程这场仗应该怎么打？

如果携程按照传统模式拼规模、拼开拓市场的速度，这场仗注定赢不了。但是，携程另辟蹊径，走了股权增值的路子。携程一出生，考虑的就是如何抢占行业第一的位置。

既然线下第一的位置已经被对手抢走了，那么携程就去抢线上第一的位置，当时的互联网订票还是一个空白市场。所以，携程一出生就是在线订票这一新赛道的第一。过去顾客都是在线下买票，有了携程以后，顾客可以直接通过互联网在线订票。携程改变了原来的行业格局，用更高效的方式解决了订票的问题。正是基于这个商业模式的创新，它打败了现代运通。

接下来，刚刚成立半年后，携程的经营者就去华尔街融资，他告诉投资人：自己是中国在线订票领域的第一品牌。有了行业第一的地位，携程很快拿到了融资。融资完成以后，携程就反过来收购了现代运通。收购了现代运通，携程就等于拿到了进入资本市场的门票。

3年后，携程就在美国上市了，而现代运通只能留存在行业的历史中了。

市值导向的企业和传统企业最大的不同，在于市值导向的企业思考的是，只有抢到行业的第一份额，企业的股权才值钱。而传统企业关注的是，把产品卖出去，企业就能赚到钱。所以，市值导向的企业盯的是行业第一的位置。一旦抢到了行业战略制高点，所有的人才、供应商、行业资源等都会向它靠拢。如此一来，它就拥有了势能，反哺生产经营，为企业买时间和买空间。

本质上说，战略制高点就等于战略选择权。一旦企业有了选择权，就能制定这个行业的游戏规则，企业拿到行业的第一份额后，再来赚取商品利润，此时市场回馈给企业的将是巨大的利润。因为市场会给行业第一定价权。按照我们的经验，行业第一的定价可以高于其他对手15%左右，行业第一的净利润往往会比同行都要高。

打开通往未来的 GPS：市值目标决定资源配置

以利润为目标的企业，其资源配置的路径是研发—生产—销售，然后赚取利润。

而以市值为目标的企业是把股权增值当作终点，把赚取利润当作过程。在配置资源这个关键问题上，他们会以终为始，先思考10年后企业的样子，再来考虑如何通过配置人才等战略性资源来形成核心竞争力，然后基于股权增值的高目标，进行资源配置：选择进入哪个市场？服务哪一群客户？卖什么产品？配置什么规格的资源？

先讲讲我们自己的故事。2014年，集团的利润为负，短短4年时间，我们的净利润从负数增长到1亿多元。在大多数竞争对手的利润都遭遇断崖式下滑的大环境下，我们是如何保持逆势增长的呢？

今天回头复盘，就是因为董事长拥有高手的顶层思维。在2014年年会上，董事长说：未来5年，我们要成为一家市值50亿元的公司。如何实现这一目标？我们要帮助企业家提升工商管理能力，成为工商管理领域的第一品牌。

如何才能提升企业家的工商管理能力呢？我们决定要打造一套市场化的商学院课程体系，取名"校长EMBA"，让企业家通过"校长EMBA"进行系统的学习，提升经营决策能力和工商管理能力。

基于这个未来目标，我们需要重新配置资源，除了要整合在行业第一的公司真正操盘过的实战导师外，还要整合一批世界级管理大师，为客户提供高质量的产品。仅仅以 2018 年为例，我们就整合了两位世界级管理大师：2018 年 7 月，法国巴黎高等商学院著名教授帕特里克·勒格兰（Patrick Legland）开讲巴黎高等商学院的王牌课程《金融创新》；2018 年 11 月 15 日，哈佛商学院著名教授、平衡计分卡创始人罗伯特·卡普兰（Robert S. Kaplan）开讲哈佛商学院的王牌课程《战略创新》。

正是基于市值目标，我们不惜代价邀请全球最顶尖的导师，帮助企业家提升解决实际问题的能力。

如果行动教育没有挂牌新三板，我们可能就整合不到全球顶级的教育资源。因为这些世界级名家要评估你的平台。我们去邀请他们的时候，需要资本市场的品牌背书，需要向他们阐述集团的使命愿景，告诉他们集团服务了多少客户……最后对方进行评估，如果与你的合作能为他的个人品牌做加法，对方才会同意合作。所以，从一级市场换到二级市场，其实换的是人、财、物、销最高段位的配置能力。说到底，企业最后拼的就是资源配置的段位。

正因为要按照市值目标来配置资源，倒逼了师资配置上的高标准。如果以利润为导向来配置资源，我们可能想不到去整合那些世界级大师，也无法拉开行动教育与竞争对手的差距。

因此，市值目标是通过改变企业的"目的地"来提升企业配置资源的段位。接下来，我们一切的资源配置都要全部围绕着实现市值目标来配置。当然，利润和市值并不冲突，一个是过程，一个是结果。

如果企业家没有这种思维，可能就会出现企业资源错配。

企业经营本质上就是一个资源配置的过程，配置资源就好像小朋友搭积木。当大人交给孩子一堆零散的积木，孩子既可以选择盖摩天大楼，也可以选择搭一个小仓库。企业确定市值目标，就是为了拥有行业最高的资源配置能力。

市值是更高级的"利润"

在《资本论》中，马克思把企业经营描述为一个从钱到钱的过程，企业的经营是经营者先投入资本，然后产出资本。

在计划经济年代，企业的价值就是企业所产出的货币减去所投入的货币。在计划经济年代，哪家企业的利润高，哪家企业就能生存。

到了市场经济时代，企业价值怎么来评估？假设企业上市成功，市盈率为50倍，按照1亿元的净利润，最终我们的市值是50亿元，而企业一开始投入的注册资本金是7 000万元，那么49.3亿元就是资本增值的部分。

市场凭什么让一家企业生存下来？看的是企业增值的价值。从这个角度看，市值其实是更高级的"利润"。利润是企业家经营产品或服务所得的价值，而市值是企业家经营"企业"这个商品所得的利润。

资本市场会给企业50倍的增值空间，是因为认可企业未来的增长空间，认可企业未来的预期利润。今天给企业钱，是为了让企业投入研发，在全球范围内整合人才。上市的本质，是企业用未来的利润来换今天的钱。

马克思说，市场经济最后竞争的是市场给企业的预期价值。市值是把未来的利润在今天折现给企业。利润是过去导向，而市值是未来导向。企业家敢定市值目标，意味着公司的视野、公司的注意力和整个公司的资源全部着眼于未来。

企业未来的增长空间来自股权溢价，也就是高于注册资本的"更高级的利润"，专业术语叫"资本利得"。收入减成本等于利润，一家企业可能没有赚到商品的利润，但是赚到了另一个更高级的利润——股权溢价。

拼多多这样的企业之所以活得精彩，是因为它们牺牲了低维的利润，赚取了高维的资本利得。其经营者把企业的股权当作商品，并把这个商品卖了个高价。

凭什么拼多多的股权能卖出高价？因为它有4亿用户，假设每个用户每年平均消费6次，每次客单价100元，每年会增长多少新用户……有了这些数据，企业未来的现金流就可以通过数学模型测算出来，未来现金流越高，意味着企业手上有越多的钱可以投入未来。从长期来看，这家公司就越值钱。这就是企业的未来增长空间，也就是企业的未来价值。

企业经营需要的是未来导向，这是市场的法则。要想拥有未来的增长空间，经营者必须为企业制定市值目标。

假设未来企业要自己上市，其市盈率可以参考同类上市公司。一般来说，如果你从事的是与医疗、教育、网络科技有关的现代服务业，公司的平均市盈率在40~60倍之间；如果你的企业属于传统制造业或传统连锁零售业，那么市盈率基本上在25~30倍之间。

假设5年后，企业做到某个区域市场或细分行业的前三名，这时候想卖掉一部分股权，市盈率如何计算呢？我给大家一个基准线以供参考。

如果企业还没有上市，一般情况下，市盈率可以取行业平均市盈率的 1/3。接下来，基于市值目标，企业家可以制定一个上市时间表。市值目标定好以后，企业家再来确定经营战略和每年的增长目标。无论是上市还是被收购，如果一家企业没有市值目标，那么其经营战略一定不敢往高处走。

第三章　经营战略由市值目标决定

什么是企业的"免死金牌"

市值目标定好以后，接下来企业要解决未来画像的第二个层次——经营战略。经营战略首先要解决的问题是，企业在行业里面到底要排第几位？这个排名决定了资本市场给企业的定价。

既然企业需要资本市场来定价，那么企业家就要转换到资本视角，看看在资本的眼中，什么样的公司算是好公司？

10多年前，我有机会参与TOM户外传媒集团的并购，当时我们的收购标准很简单——只收购行业第一或区域第一的户外广告公司。如果行业第一不卖，我们再依次考虑第二名、第三名。

2016~2017年，我连续6次带领企业家们去硅谷考察，考察的目的是想了解那些值钱的创新企业到底做对了什么。在参访过程中，我多次向硅谷的投资人请教：他们愿意投资什么样的公司？他们的答案和 TOM 集团的收购标准如出一辙：居于行业第一的企业。哪怕只是一个细分行业的第一名，他们也愿意投资。

所以，经营战略首先是个填空题：未来 5 年我们公司要成为_____品类_____区域的第一。这就是一家经营战略的思考原点。

不过，定好经营战略还不够，在《好战略，坏战略》这本书中，理查德·鲁梅尔特教授表达了自己的观点："企业战略的本质，不是一个简单的目标，战略是为实现目标而确定的一系列可执行的动作。"

因此，接下来经营战略要解决的核心问题是：如何让企业在未来 5~10 年成为区域第一或者细分品类第一？企业家具体要做哪些动作呢？

在回答问题之前，我们先来看那些占到行业第一位置的企业家有没有可供我们学习的共同的思维方式呢？

多年来我们做了许多案例研究，也拜访了许多成功企业，最后发现，成功企业家都有一个共同的思维方式：他们就像围棋高手一样走一步看十步，他们会做十年甚至百年规划，一开始他们的眼睛瞄准的就是：十年甚至百年之后，我的企业是什么样子？今天所做的决策，可能不能立竿见影，但它会影响三五年甚至十年，要让自己永远走在通向未来的正确道路上。

十多年前，我仔细研读过德国经济学家赫尔曼·西蒙所著的《隐形冠军》。在全球细分市场中，大约有 5 000 家非常优质的中小企业，是各大产业中的"隐形冠军"，它们的产品在某一细分市场占有率位居第一或第二，能够左右全球相关市场。其中，德国的隐形冠军企业占到全球的 40%，这也是德国公司在经济波动甚至金融危机时抗风险能力强的原因之一。

看完这本书,我去了一趟德国,当面请教了隐形冠军协会的研究人员:为什么这些隐形冠军企业能够在短短二三十年内拿到某个细分领域50%以上的市场份额?

他们告诉我:一个最关键的原因是,这些企业在成立之初,制定的目标就是20年只做1个产品或只提供1项服务,但这个产品或这项服务必须要拿到全球50%以上的市场份额。

反观今天中国的企业是否有长期规划,是否有走一步看十步的战略思维,以及专注于一个产品或者一项服务的战略定力?

纵观全球,什么样的企业能生存100年?是那些世界500强的企业吗?不是的。我们翻开世界500强排行榜,10年前上榜的企业,如今已经有1/3消失了,20年前上榜的企业,已有1/2消失了。所以,规模并不能成为一家企业的"免死金牌"。

与此同时,还有另外一组耐人寻味的数据,有人从20世纪20年代开始,追踪当时美国的25个行业第一的品牌。60年后,他发现有21个品牌仍然是行业内的第一品牌,剩下的4个,有3个变成了第二品牌。

这说明,企业长寿的原因不是规模,不是利润,而是抢到行业第一的位置。当人们说到这个品类的时候,每个人都能立刻想到行业第一的企业,因为它已经成为这个细分品类的符号。

时至今日,互联网的发展加剧了马太效应,人才、客户、渠道、品牌等所有的资源自动向头部企业聚拢。在过去信息不对称的时代,哪怕企业是行业第一,可能还是有很多人不知道。所以即便企业在行业内排不上号,也可能活得比较滋润。但是,今天的互联网大大消除了信息的不对称,别说第三第四,一个行业除了

061

第一名，连第二可能都活得非常艰难。

如果站高一线，从生物学角度来看，我们可以用生态位法则来解释这一现象。生态位法则认为：在大自然中，各种生物都有自己的生态位。亲缘关系接近，并具有同样生活习性的物种，不会在同一地方竞争同一生存空间。若它们同时在一个区域，则必有空间分割，即使弱者与强者共处于同一生存空间，弱者仍然能够生存。所以，根据生态位重叠原理，在一个商业生态系统中，如果两家企业在市场、技术等方面完全重叠或部分重叠，必然会产生竞争。如果市场是饱和的，行业第一就会把第二名挤出去；如果市场还没有饱和，二者还可以共存。

在存量市场中，中小企业的经营者要做的就是找准企业的生态位，并保持企业在这个生态位的领先地位。关于这一点，我非常赞同管理学大师彼得·德鲁克的观点："小企业的成功依赖于它在一个小的生态领域中的优先地位。"从这个角度看，企业想要成为行业第一不是有野心的表现，而是保证企业生存下来的基本条件。

聚焦一群人，解决一个问题，拿到第一份额

企业要想抢到行业第一的位置，首先要优化自己的商业模式。因为我们服务的大部分企业都是赚钱的企业，它们的商业模式本身是可行的。所以，大多数企业需要做的只是商业模式的优化。

如何优化呢？我们可以参考互联网企业的逻辑，不少互联网企业在三五年内就能成为一只独角兽，背后有一些逻辑还是值得学习的。

每次去硅谷参访优秀企业时，我都要向那些经营高手请教他们对商业模式的理解。在请教过许多经营高手之后，我发现其实商业模式的规律归根到底就是3句话：聚焦一群人，解决一个问题，拿到第一份额。

哪怕你的企业只是服务一小群人，解决这群人的一个小问题，但是，如果你的产品或服务能在解决这个小问题上做到最优，拿到这个细分市场的第一份额，你就赢了。一般来说，你服务的用户群越细分，企业跑起来速度就越快。

一次去硅谷考察之前，我找熟悉美国的朋友推荐一些适合集团客户学习的对象。朋友给我推荐了两个品牌：一个叫全食，另一个叫美国女孩。这两个品牌对于中国人来说可能有些陌生，但是，它们都深受美国消费者的爱戴。

全食超市的客户定位是精英中产阶层，与沃尔玛的大众化定位不同，全食走的是高价高质路线，其经营原则是"健康的食品，强健的人类，生机勃勃的星球"。尽管全食销售的有机食品和天然食品比普通食品的价格高出40%~175%，但是依然挡不住消费者对全食超市的热爱。全食之所以深得用户的信赖，就在于它只专注于解决一个问题——为精英中产阶层提供健康的有机食品。

美国女孩也是同样的经营逻辑。众所周知，美国有一个享誉全球的玩具品牌——芭比娃娃。但是，美国本土的6~12岁的女孩更青睐美国女孩这个品牌。与芭比娃娃不同，美国女孩的定位不是一个玩具，而是一个成长伙伴。譬如，它可以为白血病女孩专门定制一个娃娃，所以它赋予了玩具生命。正因为"她"是女孩们的伙伴，因此，女孩们要换衣服的时候，也要给她换衣服；女孩们做发型的时候，也要给她做发型。

尽管芭比娃娃享誉全球，在美国本土依然不敌美国女孩这个强劲的对手，无奈之下，芭比娃娃的母公司美泰儿集团只能高价收购了美国女孩这个品牌。收购完成后，美国女孩成为美泰儿集团最赚钱的业务。

参观这两家企业的时候，随行的企业家都很震惊。我的另一个朋友告诉我，他曾经好几次上门拜访过美国女孩这个品牌，希望能把它引入中国，却未能如愿。

这两个美国本土企业遵循了一个简单的商业逻辑：始终聚焦一群人，解决一个问题，然后牢牢地黏住这群客户。商业模式万变不离其宗，无论线上线下，企业只有聚焦于解决一个问题，并能做到极致，超过任何竞争对手，才能够拿到第一份额。相反，如果企业解决很多问题，却在任何赛道都拿不到第一份额，企业的股权就不值钱。因为1个100分胜过N个60分。

此外，企业家还需要认准企业要服务的人群。以行动教育为例，我们所处行业是职业教育，在职业教育这个大赛道中，我们只选择了企业教育。即便是企业教育也有些宽泛了，因为它的服务对象囊括了企业家、管理者和员工三个层级。如果这三个层级都要做，我们的资源根本不匹配。所以，我们抵住了诱惑，只抓一只"兔子"，这只兔子叫企业家职业教育。

在企业家职业教育这一细分领域，我们首先要在客户数量上成为第一。目前，我们跑得比其他企业快一点，累计服务了15万家企业；接下来，我们还要让自己在质量上也成为细分领域第一名。

为了做课程研发，董事长给了我几千万元资金去中国第一梯队的基金公司做LP（有限合伙人），目的就是调研和学习顶级的基金公司会投资什么样的企业，以及他们会对这些企业有什么要求。最后我们发现，一流的投资机构大多会要求被投资企业制定市场份额目标。例如企业在第一年必须在一个区域市场拿下10%的市场份额，如果做不到这一点，接下来的融资会很困难。

譬如，其中我们投资的一家基金投资了达达物流，达达物流是物流界的后起之秀，它一开始定的就是市场份额目标。因为市场份额目标比收入利润目标的要求更高。正因为市场份额目标达成更难，企业家和管理者的潜力和动力才能被调动出来。

日本本土资源稀少，却拥有众多世界级企业，就是因为这些企业一开始定的战略就是市场份额第一，而且他们的分母，不是区域市场，不是国内市场，而是全球市场，这就是日本企业能赢的原因。

讲到这里，我想起经济学家周其仁讲过这样一个故事。他在荷兰参观了荷兰皇家蓝瓷公司，这家公司通过"丝绸之路"，引进了中国的技术来做瓷器研发和创新，其中有一种蓝颜色的瓷器就是他们发明的。这家企业的生意并不大，年营收在600万欧元左右。但是在参观的过程中，这家企业的负责人一下子打开了世界地图，指出他们的产品销往了世界的哪些地方。也就是说，这家公司一开始瞄准的就是全球市场，盯住的是自己的产品在全球市场的市场份额。参观完毕，周教授一行人对这个细节感慨颇深："中国企业家做600万欧元生意的有的是，但有几个是拿世界地图说话的？"

日本有一本畅销书叫《NO.1法则》，这本书里面提出一个重要的观点：当企业进入一个市场时，要把这个市场的份额当作100%的蛋糕，这个蛋糕有3个临界点：

- 竞争优势：26.1% 以上
- 相对安全：41.7% 以上
- 安全份额：73.8% 以上

为了方便记忆，我们可以做一下四舍五入：基本上，企业在一个市场内拿下 25% 以上的份额即拥有竞争优势，拿下 40% 以上的份额意味着相对安全；如果企业要想在这个市场里拥有定价权，就必须成为这个行业的品类代表，拥有 75% 以上的市场份额。在这个市场里抢到的份额越大，企业在行业的排名就越靠前。

今天，华为已经抢到了通信行业 40% 以上的份额。基本上占有 40% 以上市场份额的企业就可以坐上行业第一把交椅了，但任正非仍然说"狼来了"，因为华为离 75% 的安全份额还比较远。

所以，当品类机会来临的时候，创业公司要舍命狂奔。不然存量很小、增量很大，随时都可能有"程咬金"杀出来，把你毙掉。商业的战场就是市场份额之争，在存量市场里，企业必须要抢到第一份额，没有这个目标和动力，已有的市场份额就会被别人抢走。谁能赢到最后，不是取决于资源，不是取决于能力，而是取决于企业家有没有决心成为行业第一，有没有制定占有第一市场份额的经营战略。

一个样板："乡镇版优衣库"的崛起

去年我们服务了一家企业，这家企业被我称为"乡镇版优衣库"，它颠覆了我对于中国农村市场的认知。

这家企业位于中部某省的县城，这些县城下面的乡镇还保留着赶集的民俗，每个乡镇大约有 5 万个自然户家庭，一个月大约会有 6 次大的集市。我和团队去调研的时候，发现这些所谓的"镇"，其实就是一条商业街，政府、医院、学校、日用百货商店等都集中在这条街上。这家企业在每个镇上靠着日用百货店的位置，各开设了一家卖衣服、鞋、包的综合服装店，走低价路线：一件衣服大概二三十元，一双鞋子大约 20 元。

仅仅就是这样一家单店，你知道年销售收入能做到多少吗？800 万元。

说实话，听到这个数字的时候，我也非常震惊。因为我们服务过非常多的服装企业，仅仅杭派女装就有十六七家是我们辅导的，所以我非常清楚：即使在上海这样的一线城市，单店的年收入能做到 800 万元也非常不容易。

我们到企业调研的时候发现，其实这家企业在供应链上还有巨大的优化空间，因为目前它的货源不是源头采购，而是在当地的批发市场拿货。如果再优化一下供应链，直接从源头采购，这家企业的利润还有很大的提升空间。

这家企业的老板找到我们，是希望我们能辅导他们扩张到县城一级市场，但是，我的想法恰恰相反。

我们调研后，帮他们算了一笔账。如果以乡镇为单位，那个城市 5 万自然户以上的乡镇至少有 50 个。如果扩展开来，假设平均单店业绩做到 800 万元，那么 50 个店一年的营收就是 4 亿元。同时，我们还做了一个测算，如果再优化一下供应链，那么这家企业至少可以有 15% 以上的净利润率。换句话说，这 4 亿元带来的净利润就是 6 000 万元。

这还只是一个城市的市场容量，如果扩张到整个省呢？前途不可限量。

在辅导的过程中，我和他们的高管团队做过两次头脑风暴。我告诉他们，如果他们能够把这50个镇上最好的地理位置占住，再把橱窗设计得漂亮一些。每到赶集日，店里安排一个人拿着喇叭喊麦，或者策划一些有当地特色的文艺节目来引流；再升级一下营销技巧，譬如做一些连单：98元3件，自己一件、孩子一件、婆婆一件，这样销量就能够迅速翻番……讲到后面，这群高管都兴奋了，主动附和说："老板，咱们就这样干！"

对于这家企业的消费群体来说，这家企业在一个区域市场内拥有50家店，就是其最好的广告。因为这个群体会流动，当他们从这个乡镇到另一个乡镇串门走亲戚的时候，如果在亲戚所在的镇上也能看到这家企业的门店，这时候，它就是消费者心目中的第一品牌。一旦口口相传，生意就来了！

如果按照这个思路来设计战略，那么未来这就是一家值钱的企业，可攻可守。如果企业想上市，这就是"乡镇版优衣库"；如果企业不想上市，但占到了这些区域最好的位置，行业头部企业选择下沉到农村市场的时候，企业也可以卖一个好价钱。

2019年，马云在浙商大会演讲时讲道："今天中国的消费主力是小镇青年，2019年双十一，三线、四线、五线、六线城市的消费人群和消费金额的增速第一次同时超过了一线、二线城市，网上购物的新增用户60%~70%来自三线、四线、五线城市和农村。"[1]

由此可见，中国的农村市场还有巨大的消费潜力可以挖掘，我相信按照这个路径来设计，先抢占乡镇市场第一的位置，只要

---

[1] https://finance.sina.com.cn/chanjing/gsnews/2019-11-14/doc-iihnzhfy9132550.shtml

执行到位，这家企业一定未来可期。

小产品，大公司

我们以这家企业为引子，阐述了一家企业抢占第一市场份额的设计逻辑。事实上，传统企业在这个问题上最容易犯的错误是一开始企业的产品太多，资源太分散。我在调研企业过程中经常会遇到类似的状况：一家企业经营3类产品，而且，这3类产品往往针对的是3类不同的客户。可想而知，如果这家企业想在3类用户那里都抢到第一份额，资源往往是不够的。

如果一家企业有很多产品，如何才能抢到第一市场份额呢？答案就是做减法。经常有企业家问我："我们现在有这么多产品，到底选择哪个产品呢？"我给大家提供一个筛选方法：优势加趋势。

首先，从优势来看，企业家要做产品盘点：和对手相比，我们面对哪一类消费群体更有优势？目前哪个产品在用户心目中的口碑比对手更好，竞争力更强？企业家可以把企业过去3年各产品的收入占比、毛利占比和利润占比计算出来，按照优势来做一个排序。

其次，从趋势来看，未来企业的哪个产品更有增长空间？客户未来会把钱花在哪些产品上？企业家要综合考察行业趋势、技术趋势、市场变化和客户需求变化，甚至包括对手的变化。

在移动互联时代，为了满足人的个性化需求，市场会越来越细分。2018年我去美国考察时发现，很多投资人喜欢的投资方向都是细分的垂直品类，因为切入的市场越小，企业跑起来越快，这样的企业反而越容易占到全球第一份额。所以，企业要通过优势加趋势的方法，将资源都聚焦在一个产品上。譬如，可口可乐占据了全球碳酸饮料市场68%的市场份额。宁做小产品大公司，不做大产品小公司。企业可以等到第一个产品拿到了50%甚至70%的市场份额后，再考虑叠加第二个产品、第三个产品……最终形成一个生态圈。

为什么企业一定要抢第一市场份额？因为它会大大改善企业的利润率。

我们当年创业的第一家企业风驰传媒，地处西南边陲。在云南这样一个区域市场里面，整个省的户外广告市场也就只有3亿元的规模。在这个3亿元的小市场里有几百家广告公司，但是我们一家公司就拿到了50%以上的市场份额。在主营业务户外广告上，我们垄断了70%以上的优质资源。

最后，垄断带来的好处是定价权。当企业能够在一个市场里拿到70%的份额时，消费者会自动给你信任感，与对手相比，你在定价上可以高出15%~30%。所以，在云南户外广告这个市场里，当时的风驰传媒是全行业最赚钱的公司，利润率高达35%，比行业平均值高出1倍以上。

再讲讲生活中的例子，以滴滴为例，几年前我出差时从虹桥机场打车到徐汇区，花了不到80元。但是，今天我同样从虹桥机场打车到徐汇区，大约需要190元，而且还不容易叫到车。为什么？因为今天滴滴已经抢到了95%的市场份额，它拥有了定价权。

去年，著名的市场调研机构Counterpoint发布了2018年全球高端手机的市场份额调研报告。所谓高端手机，即价格超过400美元的手机。第一名当然是苹果，市场份额达到51%。虽然已经比2017年占有的市场份额下降了7%，但是苹果依旧拿走了全球手机市场73%的利润。

第四章　增长策略推动企业高增长

增长目标的算法模型：三算一对

抢第一份额，说起来令人兴奋，但是这条路很难走。因为要想抢到第一份额，企业必须要高举高打，即年年必须要高增长，因为市值目标定了，经营战略定了，如果企业没有高增长，战略就成了空中楼阁。试想一下，如果企业的基数本来就小，跑得还比人家慢，甚至停下来，市场凭什么让你生存？

过去，我在办公室里挂了一幅字，上面写了四个字："无疾而速"。一个企业怎么才能跑得快？没有问题就能跑得快。反过来也一样，如果一家企业没有增长，那么问题就都来了。所以，我们有一句话叫"增长治百病"。

经常有老板向我抱怨说，我真的尽力了，真的增长不了。我就去给这些企业做调研和诊断，最后发现他们错在哪里？首先，他们定目标的方法错了。

大多数传统企业定目标的方法，就是在企业去年的基础上乘以一个系数，通常是 10% 或 15%。但问题是如果企业的基数本来就小，再定一个很低的增长目标，最后经营者会发现，你定的增长目标甚至可能跑不过成本的上涨。

从我们调研的数据来看，受人工成本、原材料成本、房租成本等多项成本上涨的综合影响，相当一部分生产型企业的成本比上一年度上涨了 30% 以上，甚至有些连锁型企业的成本上涨了 50%。所以，如果经营者只是在去年的基础上乘一个系数，你的目标一定会定错。

正确的增长率目标应该怎么定呢？我们总结了一个增长率的算法模型，叫三算一对。

一算：算压力

经营企业每天开门就是在花钱，无论有没有收入。赚钱是偶然的，但花钱是必然的。所以，从公司成立的那一刻起，压力就是存在的。这个压力如果用数字来量化，就是盈亏保本点。

假设运营一家企业的房租、水电、社保等固定成本加起来需要 50 万元，这家企业的行业毛利率是 50%，那么每个月至少要有 100 万元的营业收入，企业才能不赚不亏，这就是企业的盈亏保本点（盈亏保本点 = 固定成本 ÷ 毛利率）。

二算：算预期利润

一家没有利润的企业是无法给员工安全感的，因为老板没有能力给员工升职加薪。所以，松下幸之助说，不赚钱的企业等于犯罪。所以，在经营企业的时候，企业家一定要有一个预期利润的概念。

预期利润怎么计算呢？假设企业家今天为企业投入了100万元，这100万元放到银行，固定存款有5%左右的回报率；交给信托公司，有7%左右的回报率；交给红杉资本这样的品牌基金，有19%左右的回报率。

所以，我认为经营企业的预期利润至少应该在15%以上。换句话说，投入100万元，预期净利润是15%，如果毛利率50%，那就意味着企业的收入至少要达到130万元以上。但是，这还不是好公司的算法。

三算：算员工欲望

真正的好公司，其经营者在计算增长目标时，一定不会忘了考虑员工的需求。因为优秀人才一定希望自己的收入每年都能有大幅增长。假设员工希望每年收入增长5%~10%，那么扣除企业的固定成本和员工需求的部分，毛利率可能就从50%变成40%。再考虑老板的预期利润为15%，公司的营收就必须要做到150万元。

在130万~150万元之间，经营者还可以做一个差额提成，把高手激励出来。只要员工想要高收入，经营者就要敢于满足他，但前提是员工的收入与增长目标匹配。对于150万元以上的部分，经营者甚至还可以做超额提成。

管理永远就是树标杆，要让员工看到榜样，看到可能性。哪怕公司里这样的高手只有一两个，也要把他们激励出来。在高手把样板打出来以后，明年的目标水涨船高，整个企业的增长就会进入一个良性循环。

因此，部分传统企业在定增长目标时，只在去年的基础上乘以一个系数了事是非常不科学的。一是企业的低目标可能都跑不赢成本上涨；二是企业的低增长率满足不了员工的需求，最后高手赚不到钱，看不到希望就走了，企业留不住真正优秀的人才。

58同城的创始人姚劲波曾经分享过自己的体悟：有的创业者允许公司以10%~20%的速度增长，这在互联网行业是不可思议的，如果有一天58同城速度发展低于50%，我肯定觉得太糟糕了，我始终要把企业带到快车道去。发展速度也是一样，速度不达到一定的临界值，你是留不住人才的，因为你没有办法给他创造更好的回报，创造更好的空间。比如他今天带5个人，明天带10个人，他现在月薪一万，希望明年三万，如果没有这样的加速度和增长速度，你没法给员工创造很好的环境，真正留下的人就是比较平庸的人。所以始终把你的企业带到快车道去，在互联网行业不仅仅是安全的需要，更多的是生存的需要，因为互联网很难。

一对：对标杆

除了员工欲望，要想做第一，企业首先必须对标行业第一的企业。李嘉诚为什么会成为首富？因为他有一个习惯——对标全球行业第一。譬如，如果你要进军连锁商超行业，一定要看全球第一连锁商超的年报，尤其是这家企业上市前三年的增长率、毛利率和净利润率。未来5年你想成为第一，唯一的方法就是比标杆跑得快。

2004年，我被TOM户外传媒集团派到上海开拓市场，香港总部给了我 100 万元资金成立上海分公司。总部要求我做的第一件事情就是先把预算目标报给他们。

我到了上海以后，先跑到行业协会找了两家当地的标杆公司，按照他们的营收规模，定了 3 000 万元的目标，然而这个预算目标没有通过。香港总部的财务总监说，过去你在风驰传媒带领的团队一年做 2 000 万元，确实已经是不错的业绩，但昆明是三线城市，而上海是一线城市。显然，财务总监的言下之意是，我是"昆明思维"。

无奈之下，我只能重新找标杆，这一次我的目标是一家香港的合资公司，这家公司专做大客户代理，为 4A 广告公司服务。按照这家公司的规模，我把目标调到 6 000 万元。提交预算后，领导们告诉我，目标低了。如果上海只做 6 000 万元，那么集团计划三年内成为亚洲前三户外广告公司的未来战略将难以实现，因为上海是大陆地区户外传媒最好的市场。

就这样来回拉锯多次，我与香港总部前后沟通了两个月，最终对标了亚洲第三的户外媒体公司——白马集团，2003 年，白马集团上海的大客户中心有 1 亿元的营收，按照行业的平均增长率 20% 计算，2004 年白马集团上海分公司至少能做到 1.2 亿元。所以，香港总部最后给我定的目标是挑战 1.2 亿元，考核目标是 8 000 万元。

后来我反思我的预算提案为什么过不了，发现就错在对标，因为我不敢对标白马集团。在我看来，我手上没有任何实实在在的资源，没有客户、没有员工，只有一个李嘉诚旗下公司的品牌。但是，华人首富的公司不是这个思考逻辑。集团的领导层认为，上海分公司占据了一个最好的市场，既然集团的战略是三年后超越白马集团，成为亚洲前三的户外广告公司，那么一开始我们就

075

要对标它。只有这样，才有可能在3年后超过白马集团。

于是，公司把我所有的退路都封死了，预算过不了，公司就不允许我招人。在没有资源的前提下，我要面对的考核目标是8 000万元，如果当年度业绩低于8 000万元，第二年我就要下岗了。如果完不成考核目标，我只能拿月薪，收入远远低于我过去在昆明的收入。相反，如果达成了8 000万元的目标，那么我的收入就是底薪加净利润15%的绩效提成。

在增长目标面前，我没有任何退路，必须要拼尽全力。所以，我一开始就锁定了通用汽车、奔驰汽车、福特汽车这群大客户，即使对方只给我30分钟，也会厚着脸皮去给人家提案，争取合作的机会。就这样没日没夜地忙了3个月，我们终于抓到了第一个机会，签下了第一单。到了第6个月的时候，我们签下了第一个年度代理合同，紧接着大家齐心协力攻下了雷克萨斯、诺基亚、博世电工等客户。一年下来，上海分公司一共服务了10多家客户，收入总额8 800万元，在集团的17家分公司里，业绩排名第二，投资回报率排名第一。

在当年集团的述职大会上，很多同事说："你很厉害。"我回答说："其实是李嘉诚商业系统的这套机制太厉害了，他们能够花3个月的时间和我沟通目标。甚至在目标没有定下来的时候，总部不允许我招人。"

后来我才想明白，因为目标是一定定全盘，如果目标没定对，我招的人可能都是错的。

一开始我只敢定3 000万元的目标，因为我的思路和过去一样：先开发媒体，然后签合同，最后再去拿批文，拿了批文以后建架，卖广告牌。一般来说，一块广告牌最高能卖到

150万~180万元。按照过去的经验，从开发客户到成交需要3个月时间，假设接下来的10个月，每月成交2个客户，还有可能完成3 000万元的目标。但是，如果目标是8 000万元，那么我们每个月至少要成交6个客户，在我看来这是根本不可能完成的任务。

如果必须在10个月内完成8 000万元的目标，我唯一的办法是锁定大客户——那些在中国市场投入几千万元甚至上亿元做广告的大客户。假设我投入三个月到半年的时间开发客户，还是有机会拿到500万~1 000万元的广告预算。只有4A广告公司的国际品牌客户有这样的购买力。

最后，我盘点了所有满足条件的大客户，发现在上海市场一共有20家符合条件的国际品牌。为了有机会服务这20家国际大客户，我们组成了两个销售小团队。根据目标客户的特征，我们招聘的标准也清晰了：我们必须要招聘那些能够服务4A公司的客户、有英语口语基础的销售。按照这个需求，最后团队招聘了不少有留学经历的员工。

正是这次经历给我上了一堂课，刷新了我对于管理的理解。事实上，每个人都有巨大的潜力，老板拍脑袋定下一个增长目标是非常不负责任的行为，它会把下属的潜力给限制住。

企业的增长目标确定以后，管理者必须依靠下属的力量达成目标。管理者的职责拆开来，其本质逻辑是：求才——励才——量才——育才——留才。

- 第一步是求才。我们要用增长目标来指导我们招聘合适的员工。
- 第二步是励才。人招对了，老板要和他共享一个目标，用伟大的目标激活员工的信心和勇气。当下属认同这一共同目标时,管理者才能把目标授权下去。
- 第三步是量才,老板要为每一个员工找到其需要承担的业绩目标。
- 第四步是育才,把业绩折分到每月每周,当员工实际达成的业绩与既定目标有差距时,老板要围绕达成这个既定目标来培养他们,以帮助他们补足达标能力上的短板。
- 最后才是留才,公司做大了,员工的职位才能晋升,收入才能增长,能力才会成长。

站在个人的角度,没有增长就没有成长。如何评估一个人的成长?过去我在风驰传媒带团队,一个8人的销售团队完成了全年的2 000万元销售业绩;而在TOM户外传媒集团的上海分公司,同样是8个人的营销团队,再加上8个设计、媒体、人力、财务等后台支持人员,大家共同完成了全年8 800万元的业绩。说实话,这个业绩甚至超出了我自己的想象。

很多时候企业增长起不来,是因为老板和管理者不敢给员工定下一个比过去更有挑战的目标。离开增长,别谈成长。

我一直坚信,高目标其实是老板对团队的大爱,如果老板爱一个下属,那么就要帮助他去完成一个有挑战的目标,一旦这个目标达成了,这个成长的过程就是员工释放潜力的过程。

增长50%比增长10%更容易

我们在给企业辅导的过程中,每到定增长目标的环节,很多高管甚至老板都会质疑：企业现在增长10%很困难，怎么敢定50%以上的高目标？事实上，这个想法是极其错误的。在实际经营中，我们往往会发现，一家企业增长50%比增长10%可能更容易。

因为，如果经营者的目标定低了，员工没有动力创新，就会沿着老路走，就像我第一次定下3 000万元的目标，自然会复制之前的经验。但是，要实现高增长，员工必须做一件事情——创新。一个企业家看得越高，看得越远，企业就走得越远。反之，企业家越保守，这家企业就越走越艰难。

事实上，如果你喜欢阅读企业家传记，这样的思考方式其实并不少见。

优衣库创始人柳井正在给迅销定目标时，常常会定一个超越当下销售额3~5倍的长期目标。在销售额是100亿日元时，柳井正制定了300亿日元的目标；在销售额达到300亿日元时，柳井正制定了1 000亿日元的目标；在销售额是1 000亿日元时，柳井正制定了3 000亿日元的目标；在销售额达到3 000亿日元时，柳井正的目标就是1万亿日元。

柳井正为什么要这样做？因为他要把所有人从"延续现有做法"的思维定式中解放出来。

柳井正解释道："当优衣库的销售额是1 000亿日元的时候，如果目标仅仅是增长1.1倍或1.2倍，那大家只需延续销售额为1 000亿日元时的创意和举措即可。但是，那样的创意和举措恐怕其他公司的经营者也想得到、做得到。这样一来，优衣库就会与其他公司陷入同样的竞争，最终将导致公司风险增大，甚至连销售额增长1.1倍或1.2倍的目标也难以实现。如果优衣库把目标定为销售额提高3倍，即3 000亿日元，会出现什么结果？很显然，大家必须转换思维方式。比如，会让优衣库的员工意识到，如果优衣库品牌只有少数人知道，而不是全日本人都熟知的话，就将无法实现这个目标。这样一来，无论在郊外开多少店铺都无济于事，优衣库必须在最流行最前沿的东京原宿开店才有可能大获成功。同样，如果仅仅售卖进口商品也不行，还需要创立自己的品牌，研发自己的产品，而且品质必须要达到日本顾客满意的高标准……"

如果企业家自我设限，不敢定高目标，后果就只能是低水平地重复用同一套动作经营企业，直到被创新者淘汰。所以，高举高打的本质，不仅仅是为了业绩增长，也为了企业能够成长与创新，只有高目标才能帮助企业摆脱经验的束缚，真正找到突破之道，走上创新之路。

日本经营之神稻盛和夫先生也曾经做过一个形象的比喻："我们可以用登山来比喻应该拥有怎样的思维方式。如果要爬低矮的山丘，你只需以郊游的心态，身穿常服，脚穿运动鞋就能实现。如果想征服阿尔卑斯山之类的雪山，你就必须配备相应的装备。而如果要攀登珠穆朗玛峰，那么就更不一样了，你必须懂得攀岩技术，配备各种各样的装备，接受严格的训练。攀登的山峰不同，需要的准备工作和装备也不同，正如一个人追求的经营目标不同，他所持有的'思维方式'的境界也截然不同。"

反观传统企业，很多老板赚到一点点利润后，就没有动力了。但是，当你的饥饿感消失了，这个市场却始终是在动态发展的，不断有新的进入者。所以，在我们服务的企业里面，有许多企业家过去在行业内部占据了领先位置，或在一个区域市场里做到了第一名，然后就失去了动力，接下来很快就被新入局者超越了。

归根结底，一家企业要靠高增长来保持竞争力。要实现高增长，并不是一件容易的事情。假如你所在行业只有 20% 的平均增长率，为了要实现 50% 的增长率，你必须要不停地去创新。所以，你就会不停地研究：这个行业有什么新的趋势？这个消费者群体有哪些未被满足的需求？现在对手有什么新的玩法？企业应该配置什么样的资源去应对竞争……

当企业家奔着高增长的目标努力时，你的每一条神经都是敏感的。恰恰是因为你关注市场，关注用户，关注对手，所以你能够规避危机。

盘点不少于 2 倍的增长机会点

经常有老板向我请教："我们也想定高目标，但是员工不愿意。如何让员工发自内心地愿意接受高目标呢？"在我看来，很多企业的高目标之所以授权不下去，一个关键的原因在于，老板只给出了目标，却没有给出实现目标的路径。一个没有实现路径的目标是非常苍白的。

因此，在定高目标的过程中，企业必须要带领员工盘点出增长机会点，只有帮助员工找到增长 100% 以上的机会点，让员工对完成目标充满信心，才能激发出员工的活力。

盘点增长点的一个最笨的办法就是从客户开始盘点。众所周知，一家企业的销售收入 = 客户数量 × 购买金额 × 购买频次。

要盘点增长机会点，企业家可以围绕这三个因素想办法：一是提升客户数量，想办法开发更多的新客户，并把产品和服务卖给他们，尽量保证企业每年有 30% 以上的新增用户。所以，当产品在一个区域的客户数量占到 50% 以上，就可以考虑跨区域扩张了。当然，考虑到管理效率的问题，我们建议一开始步子扩张的不要迈大了，在高铁 2 小时以内可以到达的区域发展即可。二是提升客户的购买金额，可以通过发掘客户未被满足的需求让客户买更多，另外可以通过提升客户的量级，升级到大客户战略。三是提升客户的购买频次，这意味着企业必须提高老客户的重复购买率。

不同的企业可以根据自己的实际情况，从这三个维度来盘点增长机会点。而从我们自己创业实践和服务中小企业的经验来看，当企业有一定规模的客户数量时，最立竿见影的办法是提升客户的质量，升级到大客户战略。接下来，我给大家分享一段自己在遭遇增长瓶颈时的破局经历。

风驰传媒一开始聚焦于昆明市场，当时整个昆明市场容量只有 3 亿元，当风驰营业额做到 8 000 多万元的时候，高增长遇到了压力。

我所带领的团队主要聚焦房地产行业和汽车行业的客户。以房地产行业为例，销售规模能排进前十名的企业，我们已经拿到了 70% 的份额。至今我还记忆犹新，当时云南前三名的房地产公司都是我的客户。可以说，我们已经把客户做到极致了。

但是，董事长的要求是公司第二年的目标是增长 50%，考核目标为 1 亿元。当时各销售部门的部门经理算了一下，大家都认为 1 亿元的考核目标完不成，因为我们已经没有增长的空间了。

怎么办？我们所有部门经理联合起来，去找董事长谈判。谈判之前，我们 8 个经理谋划好了和老板博弈的策略，并推出年纪最长的经理作为代言人。为了确保万无一失，去找董事长之前，我们事先还预演了一遍。

时间到了中午，董事长如约来了。

按照约定，年长的经理对董事长直言道："董事长，我们很负责任地算了一下，现在公司有 3 万多平方米的户外广告牌，把明年新开发的广告牌也算进去，最多也就是有 9 000 万元的收入，不可能做到 1 亿元，更别说 50%……"

这件事听起来有理有据，我们觉得可以说服董事长。没想到，董事长接下来问了一个问题："是的，你很专业，对客户的服务也很到位，在风驰五六年，你认为我们现在的客户都是大客户。但我要问你，云南省最大的客户是谁？"

他脱口而出："红塔！"你看，我们自己就上钩了。

接下来，董事长说："那你们手上，谁有烟草行业的客户？"

另一个部门经理接过话来："老板，我们没有后台，在烟草行业没有关系，做不了烟草。"

董事长说："谁说做不了？红塔做不了，那楚雄卷烟厂、大理卷烟厂总可以做吧！过去你们做汽车行业，谁有大众汽车的后台？谁也没有，但是你们也做出来了，对不对？"

这样你一来我一去，最后谁也没有说服谁，老板硬把这个指标压了下来。大家都抱有侥幸心理，认为反正法不责众，如果所有人都完不成，可能提成会受到影响，但至少岗位能保住。当然，前提是，谁也不能打破这个平衡。

在我们这群经理中，有一个销售经理是新来的，目前手上客户资源不多，他被董事长这番话点醒了。

紧接着，他开始锁定并开发楚雄卷烟厂的业务，这个卷烟厂离昆明市中心大约 2 个多小时车程，他每周都会去一次，等到第 5 个月的时候，他中标了一个价值 100 多万元的烟包设计订单。中标以后，那家企业把印刷品业务也交给了风驰传媒。到了第二个月回款的时候，他一下子拿到了7万元的提成，打破了最高3万元的历史纪录。这位经理因此在公司"大宴宾客"，请所有销售部门同事吃饭，惹得大家好一顿羡慕。

当这个人打破这个局面以后，无须老板多言，大家主动两人一组去开发烟草客户，这两个人去红塔，那两个人去红河。不到2年的时间，云南省一共六家卷烟厂，我们顺利拿下了两家，这两家卷烟厂第二年给公司带来了2 000万元的收入。再后来，大家都抢着去开发烟草行业的客户，甚至把其他非烟草客户让出去，因为实在忙不过来。

因此，在企业遇到增长瓶颈时，企业家不妨盘点出企业的大客户，并且重点开发这些大客户。企业还要去扶持标杆员工。只要标杆起来了，所有的借口都将变得苍白无力。

切记，企业家在盘增长机会点时，千万不要自我设限，一定要让团队乐观一些。定目标的时候可以相对客观一些，但是盘点增长机会时一定要放大梦想，帮助员工找到更多的可能性。

企业不同生命周期时的第一战略

前文我们阐述了一家企业成为行业第一的完整地图。细心的读者可能已经发现了，未来战略其实就是第一战略，在马太效应越发凸显的移动互联网时代，很多行业都进入赢家通吃的时代，因此，第一战略也是赢家战略。

理解了这一点，接下来企业家就要以终为始，找到企业的终点和起点，根据企业现在所在的阶段，找到增长的杠杆点。

如何找到企业的终点，我相信上文已经给出了答案。这里我们要解决另一个问题：如何找到企业当下的起点？要回答这个问题，我们要结合企业的生命周期来看。

我们不妨把一家企业的生命周期分为 5 个阶段：初创期、成长期、发展期、成熟期和二次创业期，这是一个循环。客观来说，处于不同生命周期的企业起点是不一样的，在资源配置上的关注点也各不相同，也就是说，它们撬动增长的杠杆点也不同。

对于初创期的企业，企业家必须要把资源聚焦在打造尖刀产品上，用这个尖刀产品去撕开市场的口子，这是企业在初创期最重大的课题。如何聚焦一群人，解决一个问题，开启一个新赛道？如果你的企业今天还没有一个尖刀产品，那么你就先要把尖刀产品做好。

经过初创期，接下来企业就要进入成长期。成长期的企业除了要进行产品迭代，更要在营销上加大力度，把原点市场做到第一份额。在辅导企业的过程中，我发现很多企业经营了许多年，但是它们在原点市场还没有做到第一份额，就开始急于推动产品多元化或跨区域扩张，最后资源摊薄了，原点市场也丢了。

如果你也有这个问题，那么接下来你要扪心自问：企业的原点市场做够了吗？在这个原点市场拿到第一份额了吗？如果答案是否定的，那么接下来你要收拢资源，把原点市场打透。

企业在发展期的关键任务在于复制，要想完成复制，就必须要让自己的营销系统和管理系统标准化，进而快速实现区域复制，不断走出去。

一旦企业进入成熟期，就要开始对接资本市场，孵化新业务，寻找下一条增长曲线。最终企业又回到二次创业的阶段，开始了新一轮的循环（如图 4-1 所示）。

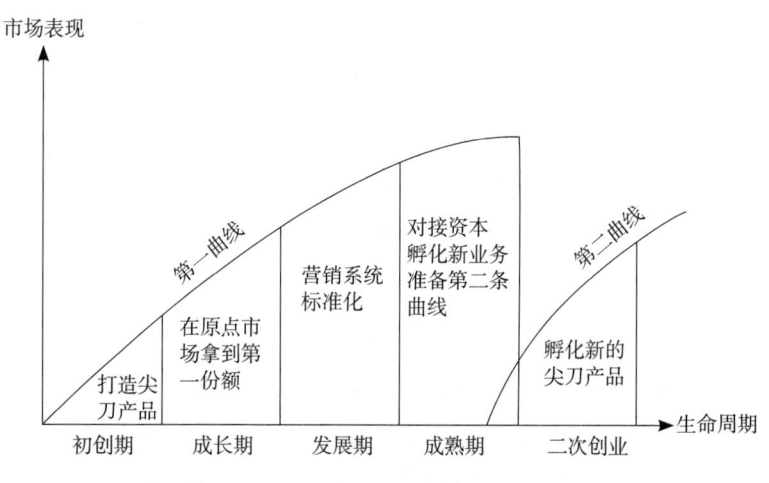

图 4-1　企业在不同生命周期的关注点

我发现，在线青少儿英语教育品牌 VIPKID 的发展路径完整地验证了这个生命周期模型。

17 岁那年，米雯娟和舅舅在北京郊区租了一间教室，开始了自己的创业之旅。在经营线下学校的过程中，她逐渐了解到了学生和家长的诉求。与此同时，她也洞察到了线下教育存在的诸多痛点。

第一个痛点是以英语为母语的老师十分稀缺。米雯娟在 2019 年的一次访谈中披露过一组数据：全中国只有 27 000 名来自北美的外教，而且其中绝大部分是在中国游学的年轻人，而并非真正的 K12 专业教师，而中国每年有 1 700 万新生儿，仅仅北京市场就有 100 万名小学生。也就是说，现有的外教无论是数量还是质量都远远满足不了市场的需求。

第二个痛点是学习内容没有迭代。孩子们的学习教材仍旧是多年前的内容，只是学习工具变成了平板电脑等。

第三个痛点是孩子们学习语言的方法不对。线下教育大多是周末集中学习2个小时，而在线教育可以把这2个小时变成每天学习15分钟。虽然总学习时长是一样的，但对于语言类的学习而言，学习频次不同，效果会有天壤之别。

第四个痛点是家长的时间消耗。如今许多家长的周末生活全部被孩子的兴趣班占满，而线上教育完全可以解放家长，孩子上课时，家长可以在一旁做瑜伽。

2013年10月，读完长江商学院工商管理学硕士的米文娟决定放弃线下教育市场，开辟一条新的赛道——在线少儿英语市场，VIPKID应运而生。在国内教育领域，优质的教育资源一直十分稀缺，而在2013年技术刚刚能够支持一对一实时直播互动学习的时候，VIPKID就锁定了来自北美的师资力量，并为这些老师提供了标准化的培训和课件，满足了国内中产家庭对国际教育的强烈需求。

在此之前，国内的少儿英语教育还只是在本土招聘外教老师。因此，VIPKID开启了一个全新的市场，在国内没有可以对标的对象，也很难找到成熟的盈利模式，怎么办？

米雯娟坚信，自己一定能找到让老师、学生和家长三方共赢的商业模型。功夫不负有心人，通过在线教育，家长只需要支付过去40%的费用，就可以找到比过去更专业的老师，而且还可以享受个性化服务，过去家长没有选择老师的权利，而在线教育可以让家长从师资库中找到与自家孩子最匹配的老师。对于美国本土老师而言，过去平均课时费只有16美元/小时，而VIPKID可以付给这些老师超过20美元/小时的课时费。

为了验证这个商业模式，VIPKID招收的第一批学员是来自投资机构高管的孩子。这些孩子的家长有国际化教育的需求，但孩子自己不爱学英语。在第一批老师开始上课时，米雯娟自己也非常忐忑，担心在线教育能否打动这些孩子。结果，上完课后，孩子们久久不愿离开，第一批学员全部选择续费。

首战告捷的米雯娟并没有急于追求流量的扩张，而是把主要精力放在打磨产品上，这个过程整整花了1年半的时间：几个创始人每天都泡在家长群里，和家长沟通孩子在学习过程中遇到的问题，几乎每天都在迭代产品，始终践行"用生命捍卫小朋友的每一节课"的理念。

对产品质量的精益求精，为产品打好了口碑裂变的根基，意外地将VIPKID带入了高速成长期，这个意外的促成者是一位拥有20万粉丝的超级用户，在她分享了自己的使用体验后，一周之内有几千位家长的电话打进来咨询。紧接着，很多家长在自媒体上分享了自己的使用感受，短短三年时间，VIPKID的用户数量就从100多人增长到了30万人。

2015年夏天，VIPKID获得了北极光等投资机构的投资，当时的学生人数虽不过700左右，但在投资机构的支持下，VIPKID开启了快速增长时代，在内部给自己定了一个非常有挑战性的目标：每个月增长30%的用户。令米雯娟自己都没想到，"拍脑袋"定的销售增长目标还真的被"闷着头"完成了。2016年的每个月都实现了30%的增长目标，2017年、2018年行业迎来竞争期，VIPKID水到渠成地成为行业的头部企业。

不同于其他竞争对手砸钱做营销、买流量的增长模式，VIPKID凭借高品质的产品获得了一个更持续、更高效的获客方式——转介绍模式。据VIPKID内部人士介绍，VIPKID已在内部形成一整套"转介绍机制",其品牌、营销、公关和前后端运营等环节,都围绕转介绍展开。以转介绍为核心做增长,是 VIPKID 自有的增长模型。这套标准化的增长模型为 VIPKID 的快速发展打下了基础。

经过 6 年的高速发展,今天的 VIPKID 已经成为 K12 在线教育领域的佼佼者。2019 年 5 月,移动互联网大数据监测平台 Trustdata 发布了《2018 年中国收费类在线青少儿英语教育市场研究报告》,报告中指出:在线青少儿 1 对 1 英语教育市场格局基本形成,头部效应明显,VIPKID 的市场占有率达到了 68.4%。从增量用户上看,2018 年 9 月起,新增用户明显向头部聚拢,其中 VIPKID 的新增用户占全部市场的 70%。这预示着这一产品已经进入了成熟期。

2020 年 1 月 6 日,VIPKID 宣布正式推出旗下网校品牌"大米网校",大米网校的定位为"为小学生量身打造的大班直播课",主打英语与数学两大学科。而这一新产品可以理解为米雯娟倾力打造的第二增长曲线。目前,大米网校完成了 8 000 万美元的 A 轮融资,由腾讯、红杉资本中国基金与黑马纵横联合投资,新一轮的增长游戏又要开始了。

从这个案例中,我们可以看到创始人米雯娟从线下少儿英语教育转型到线上教育的全过程:在初创期,针对四大痛点打造出自己的尖刀产品,并且不断地进行迭代,保证企业的产品能够在市场上撕出一条口子。一旦企业进入成长期,她又敢于为企业定下每月增长 30% 的高目标,在两三年时间内迅速拿下这个市场 68.4% 的市场份额。在这个过程中,米雯娟很早就开始对接资本,并获得了资本的加持。最后,在拿下这个市场的绝对安全份额之后，企业又开始对接新的资本，孵化新的产品，准备自己的第二条增长曲线。

战略共识比战略本身更重要

讲到这里，企业未来画像的脉络就清晰了，包括市值目标、经营战略和增长策略三个层次。最后，企业家还需要定位企业处于生命周期的哪个阶段，做好资源配置。

是不是战略定好了，未来画像出来了，这个步骤就完成了呢？并不是，还有一个非常重要的事情没有解决，那就是战略共识。

企业规模越大，人就越多，对于很多问题的认知就会出现差异。在辅导企业的过程中，我发现大部分老板都会有一些战略思考，但是很多时候可能是老板一个人想清楚了，但高管团队不知道老板的想法。即便知道老板的想法，高管们也有自己的想法。所以，我要提醒企业家，未来战略固然重要，但战略共识更重要。

多年的经营实践告诉我，如果高管没有与老板达成共识，最后企业家会发现，你没有办法把未来战略授权出去，也不可能把增长的责任授权出去。如果高管不是发自内心地理解和认同企业的未来战略，不是和老板在同一个频道，那么执行过程一定会产生偏差。所以，如果二者没有达成共识，未来战略本质上就是悬空的。

因此，根据市值目标—经营战略—增长策略这一脉络，画好未来画像只是第一步。更重要的是，企业家要和高管共享同一个未来。优秀的企业家一定是一个布道者。我们要永远铭记，只有目标一致、梦想一致，行动才会一致。

以色列新锐历史学家尤瓦尔·赫拉利在《人类简史》一书中一针见血地指出，人类建立大型合作网络靠的是一个集体想象的"虚构故事"。

虽然人类在采集时代没有合作的生物本能，但因为有共同的神话故事，几百个陌生人就能够互相合作。祖灵和部落图腾或许已经足以让500人愿意用贝壳交易、举办某种庆典或者联手消灭某个部落。

所有的这些合作网络，不管是古代美索不达米亚的城市，还是秦朝古罗马的帝国，都只是"由想象所建构的秩序"。支持人们的社会规范既不是人类自然的天性本能，也不是人际的交流关系，而是人们都相信共同的虚构的神话故事。

未来画像其实就是为了建立这样一个"共同想象"，当所有人都相信它，并为之奋斗的时候，这个故事才会从虚妄走向真实。

因此，在未来战略这一篇的最后，我给大家留下一组测试题。企业家可以尝试和自己的团队一起来回答这几个问题，借此来检测一下：企业的未来战略是否清晰？你和高管之间是否形成了战略共识？你们是否找到那个伟大的"共同想象"？

（1）5年后，企业要在____行业排第____位？

（2）5年后，企业会成为市值____亿元的公司？

（3）5年后，企业的销售收入达到____，净利润达到____。

（4）企业的产品能解决什么问题？

（5）在客户心目中，企业的产品价值是什么？

（6）5年后，企业的团队规模有多大？

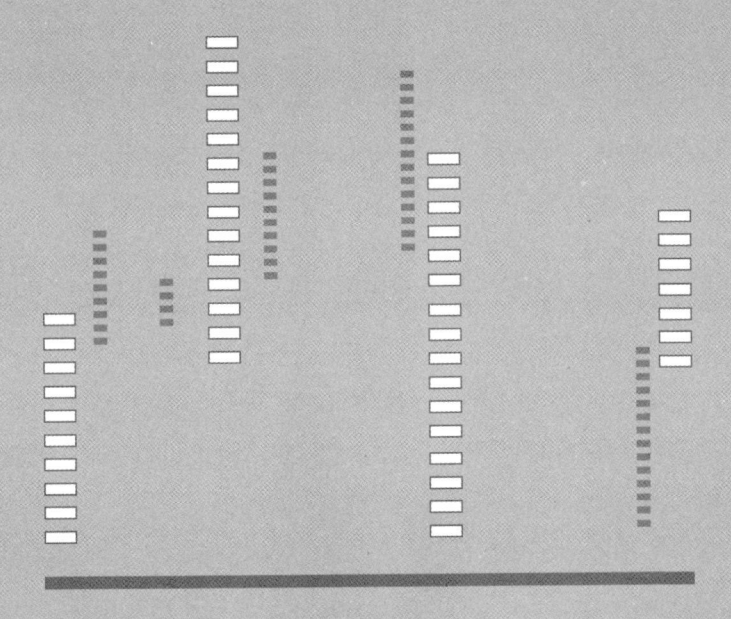

第三篇

组织设计：
企业的框架能支撑未来战略吗？

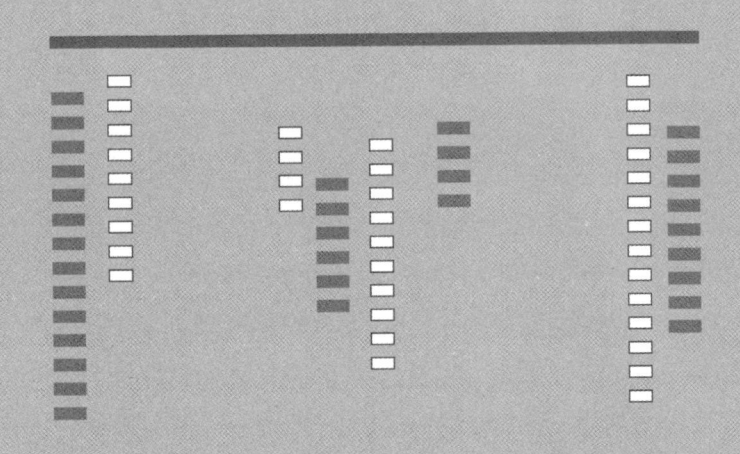

第五章　给组织"动刀子"：战略的分工与授权

组织诊断：三维扫描

在给企业做咨询的过程中，我们发现制定企业未来战略是比较容易的，相对而言，拉开企业增长力差距的关键要素，在于企业的组织战斗力。

我们曾经做过一个近千家企业的调研样本，让企业家把最急需解决的问题写下来，企业家的反馈中出现最频繁的一个问题是如何提升员工的执行力。请注意，这个问题的言下之意是，员工的执行力不行，是员工自己的问题。但我认为恰恰相反，大多数时候，组织执行力差的根源不在于员工，而在于老板。

作为老板，你是否搭好了企业的组织框架？企业的组织框架能否支撑未来战略的达成？这个框架就好比盖房子需要打地基，你的地基和主梁将直接决定房子质量的好坏。

前面我们讲过，决定企业增长力的要素有二：一是未来战略，二是组织战斗力。二者相互关联起来，就是一套从战略到执行的体系。而组织框架，就是搭建这个战略执行体系的第一步。

这个框架怎么来搭呢？我把这个框架拆解为上、中、下三层。

上层：治理结构

如今中国很多中小民营企业还处于人治的状态，随着企业规模的扩大，从人治到法治的转变是这些企业必然要经历的跃迁。只有公司规范了才能发展得更好。因此，治理结构的本质是修补漏洞，解决企业分权和分钱的问题。

中层：组织架构

治理结构设计好以后，接下来我们还要解决组织架构的问题。公司战略出现了调整，组织一定要跟着调整，这样战略才能落地。

组织架构思考的原点是协同效率，即企业到底用什么样的逻辑来分工和授权，才能达成高增长目标。

首先，企业家要把未来战略拆成具体的业务任务。其次，任务拆分以后要进行归类，重新决策：哪些部门合并在一起？哪些部门需要分开？哪些部门是需要独立出来的？三是要进行关系分析，将所有业务任务都归类以后，企业家还要决定由谁来执行。

下层：管理系统

在服务中小民营企业的过程中，我们还发现了一种非常典型的现象：一家企业在省内经营时，增长势头很猛，利润也不错。但是，跨越三五个省发展时，跨度越大，企业亏损就越多。最后企业规模扩大了，利润却没有了。谈到这个问题，我相信许多企业家深有同感。

企业复制不了自己的成功，是因为企业的商业模式可复制，但管理模式不可复制。在公司规模小的时候，企业家没有花时间总结出一套可复制的管理模式。

如何判断企业的组织设计能否支撑高增长目标呢？我们建议从三个维度来扫描组织，自我诊断一下组织是否匹配战略（如表5-1所示）。

表 5-1 组织设计自检表

自检项目	匹配	不匹配
客户满意度	满意度高、复购率高	投诉率高、流失率高
员工人均效能	人均产值增长率高、人人都是盈利单位	有些员工是亏损单位、员工流失率高
高管团队协同	问题解决能力强	内耗、扯皮、事事找老板

客户维度要看客户的满意度。一家企业满足客户需求的能力，直接体现在其客户的满意度有多高。

对于客户提出的问题，企业的反应速度有多快？当客户投诉产品质量不好、服务不好、发货延期时，企业需要多长时间把这个问题解决掉？假设 100 个客户买了你们家产品，接下来重复购买率有多少？客户流失率有多少？这些数据都能最真实地反映出客户满意度。如果客户满意度很高，客户流失率一定会很低。

因此，企业家每年做客户盘点的时候，首先要盘点老客户的重复购买率。我们的客户重复购买率高达90%以上，客户的转介绍率也非常高，这与我们极度重视服务品质是分不开的，我们非常关注课程是否有解决客户问题的实效能力。反过来，如果客户投诉率高、流失率高，那说明你的组织在服务客户的能力上是有问题的。

员工维度要看两点：一是员工达标率，二是近3年的人均产值增长率。

请注意，这里的人均产值不仅指销售部门的人均产值，还包括中台、后台所有支持人员，因为中后台是为前台服务的。因此，人均产值的正确算法应该是用企业总收入除以总人数。一般来说，这两个指标成正比，员工达标率高，人均产值增长率一定高。

在行动教育每个月考核的12张报表中，其中有一张报表叫人均损益表，集团每一个项目部都要测算人均盈利。正常情况下，如果项目部亏钱，原则上必须要收缩。2014年我们人均产值是负数，2018年人均月产值是10万元，2019年人均月产值是15万元。

如果一家企业的达标率低，那员工流失率一定高，因为员工在公司赚不到钱，就不会留下。如果一家企业的人均产值在过去3年都没有增长，基本可以断定这家企业的组织出现了问题。

高管维度要看团队协同。

譬如，如果客户投诉产品有问题，那么营销部门应该直接组织研发部门、生产部门开会，立马着手解决，这就是协同效应。相反，如果营销部门接到客户投诉后推给研发部门，研发部门推给生产部门，生产部门推给采购部门……彼此内耗，推卸责任，把大部分时间都花在沟通和协调上，那这个组织一定要进行调整了。

总而言之，从客户、员工和高管这三个维度，我们就可以诊断出：组织是否需要调整？如果诊断下来，组织能力有问题，这个手术该怎么来做呢？我们可以按照上、中、下结构，依次来进行调整。

上层"补漏"：解决分权和分钱的问题

我曾经服务过一家夫妻经营的服装企业，这家服装企业的产品主要出口南非，丈夫专门负责跑南非市场，妻子就在国内找工厂做代工生产。他们来找我们咨询，是因为一个巨大的心结——算不清楚自家的账。

一开始，夫妇俩招了一位出纳管账，后来发现不能让外人管账，因为连他们夫妻俩自己都弄不清楚公司有多少张卡。无奈之下，只能劳烦男方的父亲过来管，老先生快70岁了，更是管不清楚，库存也盘不清楚。后来，这两口子发现服装行业越来越不好做，又开辟了一块新业务，这下账就更盘不清楚了。

妻子向我诉苦说："哎，账都算不清楚，我真的是整宿整宿睡不着觉。"

你想想看，这种企业能没有漏洞吗？或者说老板怎么知道采购有没有贪污？过去我们服务过不少餐饮行业，这个行业的老板们告诉我：餐饮行业有一个痛点根治不了——采购吃回扣，外人吃回扣换成亲戚，结果亲戚也照吃不误。有的老板告诉我们，他们把窃听器等各种高科技侦查手段都用上了，仍然解决不了吃回扣这个问题。

这些漏洞都是企业不规范带来的。很多老板都有一个认知误区：他们认为企业规范成本太高了，浑水才好摸鱼，不规范才好赚钱。殊不知，如果企业不规范，可能经营者一大半的精力都被消耗在补漏里。

我们经历过两次创业，每次从创业一开始就非常注重规范。因为我们知道，如果企业不规范，那企业的漏洞问题是无法解决的。反之，虽然企业的规范成本增加，但是业绩也增长了，完全可以覆盖之前的规范成本。

写到此处，不禁让我想起一些往事。当年风驰传媒被李嘉诚旗下的公司收购之前，我在风驰传媒管理了三个部门，除了行政办公室外，公司其他的钱都是经我手花掉的，包括产品生产费、开发媒体费、制作费等。即便当时风驰传媒已经非常规范了，但公司被收购后，香港总部还是要求我们按照公司的业务构成制作了20多张收支表格。

自此以后，公司的每一笔支出都必须提前填表、申报预算，然后再进行三家比价。如果最后钱花多了，却没有提前报备，要么员工承担，要么让外协单位承担。

其中一个细节我至今还记得，当时总部审计部门的同事拉着我去建材市场，把每一种原材料的价钱都问得清清楚楚，甚至连不同型号的螺丝的单价都一一记录下来，因为他们要审核外协单位给出来的价钱是否符合市场价格。

过去，外协单位的材料费用都是打包在一起报给我们的，但香港总部要求报表必须要细化到材料费、人工费、税收、利润等具体项目。前三个月我非常不适应，天天和香港总部的财务总监起争执，财务总监也非常强硬，他告诉我："如果你不补齐表格，就要停发你三个月工资。"

3个月磨合期熬过去后，我收获了意想不到的效果——过去公司和外协单位非常容易扯皮，外协单位先告诉我们这单要 5 万元，做到最后一定会多出来一点，变成了 53 000 元。因此，我又多了一堆麻烦事，要协调财务人员重新核算销售毛利提成，其中最难的环节是说服销售人员，因为毛利下降意味着销售人员的提成变少了。

而这些表格，让我们完全规避了这些问题，我和销售人员的关系反而变好了，因为我没有让单子的毛利下降。销售人员签单时，成本核算出来，他就知道自己能拿多少提成，销售人员的积极性也与日俱增。

正是通过这件事情，我发现其实企业越规范，发展速度越快。所以，治理结构要解决的第一个问题就是规范。

怎么规范呢？我们要从治理结构入手。

企业在创办的过程中，一般需要三类人：第一类人是创始股东；第二类人是职业经理人，股东要授权给职业经理人管理企业的人、财、物、销；第三类人是投资人，如果有人看中你企业未来的价值，他可能会投钱给你，扶持企业快速发展。

面对这三类人，有两个问题是企业家必须解决的：一是钱怎么分，采取什么机制？二是权力怎么分，怎么制衡？如果企业没有规范的机制，最后你会发现，你可能一大半的时间和精力都被消耗在补漏里面。

怎么才能做到规范呢？西方市场化运营成熟的国家已经论证过了，最好的堵漏方式是三权治理。

企业内的权力可以分为三种：所有权、决策权和经营权，现在企业家要做的是把这三个权力分配好，同时又让它们彼此相互制约（如图 5-1 所示）。

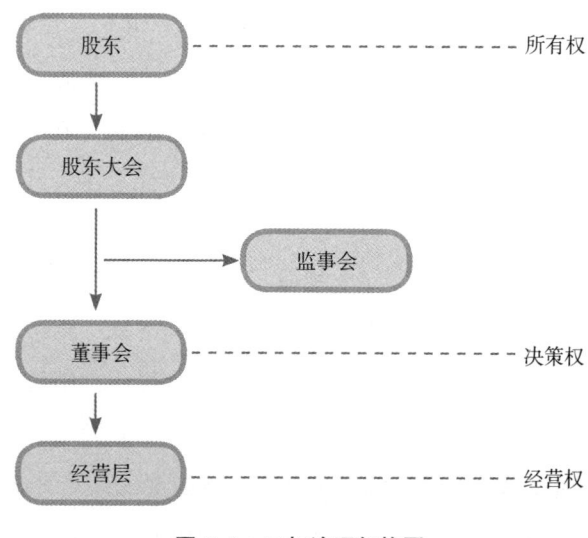

```
股东 ----------- 所有权
  ↓
股东大会
  ↓  → 监事会
  ↓
董事会 ----------- 决策权
  ↓
经营层 ----------- 经营权
```

图 5-1 三权治理架构图

首先，公司最顶层是股东，股东出钱创建了公司。谁出的钱越多，谁拥有的所有权就越大，这个毋庸置疑。这些股东通过股东大会来行使自己的权利。所以，股东大会是一家企业的最高权力机构。企业做大以后需要跨区域发展，这时候股东大会要选举董事会，并把决策权授予董事会，董事会负责定战略、批预算、投融资等重大决策。接下来，董事会任命 CEO，CEO 再来组建管理层，赋予他们经营权。同时，股东大会还会选出监事会，来监督董事会和管理层，防止他们损害股东的利益。

在治理结构里面，股东大会最应该重视股权结构和公司章程。公司章程本质上就是一家企业的"宪法"。任何一家企业必须要有一个当家人，这个当家人就是通过股权结构和公司章程来掌控公司的。如果你的股权比例超过了 51% 甚至 67%，那么控制公司还比较容易。如果你的股权比例小于 51%，且企业的股权比较分散，那一定要重视公司章程的价值,你可以在公司章程中约定好,你拥有这家公司51%甚至67%以上的决策权。

那是不是每家企业都必须成立董事会呢?也不一定。如果公司规模还小,譬如目前体量只有几千万元,那么企业可以把三权合一,这样效率最高。但是,在三种情况下,公司必须要成立董事会:一是公司股权太分散,股东太多;二是公司规模逐渐扩大,需要跨区域发展;三是公司要进行股份制改革时,需要成立董事会。

在西方,董事会被称为股东的防黑武器。因为董事会上启股东,下连经营层,将股东和经营层的利益进行有效捆绑,而捆绑的目的就是保护股东的资产。

众所周知,越是执行力强的企业,"内部人"的思想越容易趋同。董事会中的独立董事,就可以作为"外脑"来弥补这个缺陷,让领导者听到更多不同的声音。

所有董事会的人数都是奇数,行动教育的董事会一共有7位董事,包括4位内部高管,3位外部独立董事。这些独立董事就等同于企业的高级咨询顾问。其中一个独立董事的家族参股4家上市公司,拥有丰富的上市公司管理经验;另外两名独立董事分别是审计师事务所及律师事务所的高级合伙人。

每年制定战略时,我们会先在公司内部召开董事会,有了大方向后,再邀请外部独立董事一起开会讨论,如此反复两三次才定稿;同样,在重要的投融资决策上,独立董事也提出了许多良性建议。目前,由我担任集团投资副总裁,负责企业未来的并购事宜,就是源于一位独立董事的提醒。这位董事告诫我们,企业上市以后肯定会进行并购,等企业上市以后再变动工作岗位就来不及了,所以我们建议提前一年就做好规划。此外,独立董事们还就股权激励、增长预算等问题给我们提出了非常好的建议。

因此，对老板来说，成立董事会最大的好处就是能避免公司成为一言堂。公司规模小的时候，老板的个人能力还足以应对各种问题，等到公司的规模越来越大，老板的知识结构不一定能掌控全局，这时候企业可能会因为老板的思维盲点而出现大的失误。尤其对于大企业来说，一旦在未来战略上出现方向性的决策失误，企业的损失就太大了。许多战略性决策可能在5年后才能看到结果，当老板发现决策失误，再想调整的时候，已经来不及了。

三权治理的本质，就是把公司的权力分开，把不同的权力授权出去，让大家相互监督、相互制约。

中层"动刀"：协同效率最大化

解决了治理结构的问题，接下来企业家还要解决组织架构的问题。

组织架构要解决的是企业的经营战略如何授权下去的问题。譬如，企业家定好明年的增长目标以后，应该以什么样的逻辑和体系来授权是组织架构要解决的问题，本质上就是分工的问题。

2018年，我和董事长邀请嘉裕基金创始人卫哲来集团做讲座，大家坐在一起探讨一个问题：现在到底是哪些因素制约了企业的增长？当时我们就有一个共识，有时候表面看是业务的问题，但实际上是组织架构不合理的问题。

谈到这个问题时，卫哲分享了一个自己的咨询案例。

有一家企业花了很多钱做线上渠道，但做了两年多也没有做起来，公司不停地迭代产品、换人，却始终解决不了问题。于是，他们邀请卫哲的团队去调研，最后发现，问题出在线下和线上这两个部门不是一个领导在管理。

这家公司组织架构的设计思路是把线上和线下分开，但这样一来，线下部门就有一种不安全感，认为线上部门要抢他们的市场份额。所以，当线下的客户要从线上购买时，线下部门就各种拆台。这个问题从营销的角度是解决不了的，应该从组织架构切入。

解决方案其实很简单——把两个部门都交给同一个领导来管理，无论线上线下，业绩都是共享的，彼此之间形成了一个利益共同体。结果调整以后，这家公司的线上业绩很快就有了起色。

经营者永远不能忘记，企业是靠人在做事，组织架构的背后其实是利益分配，是人性的问题。如果你也遇到相似的状况，那就要考虑从组织架构上寻求突破。

组织架构到底应该如何搭建，才能有效地将目标授权下去呢？我们先来看下传统组织架构的四种设计方法。

按照职能划分

如果一家企业的业务很单一，那么它的组织架构设计也就很简单，可以按照职能分配：研发—生产—销售—财务—人力。

譬如，作为 CEO，我承担了 5 000 万元的税后净利润目标，接下来，我们按照职能部门把目标拆分下去。首先，研发部门今年要研发多少个新产品？每个新产品应该带来多少销售收入？接下来，生产部门今年要达到多少产能？销售部门需要完成多少销售收入？

行动教育的组织架构就是按照职能分的典型例子，前台有销售、培训和咨询交付，后台有人力、财务、会务和教学部门。董事长下面有四个 VP（副总裁），分管不同的职能部门。

如果我们未来要从企业家教育拓展到中层管理者教育，再到员工教育，那么集团的组织架构就要迭代了。

按照产品划分

如果企业的产品是多元化的，那么公司的组织架构可能要按照产品线来划分。譬如，我就职的上一家公司 TOM 集团除户外传媒业务外，还有杂志、互联网业务、体育赛事、电视媒体一共 5 个板块的业务。最后，TOM 集团就是按照产品线来拆分，每个产品线就是一个集团。

按照区域划分

如果企业的产品比较单一，但是已经跨区域发展了，那么这时候企业的组织架构就要按照区域来划分了。譬如，当年 TOM 户外传媒集团要承担 20 亿元的销售收入指标，集团要把这些指标划分到各个区域，上海分公司位于一线城市，要承担 8 000 万元的考核指标；郑州分公司位于二线城市，可能就只需要承担 6 000 万元的考核指标。

按照客户行业划分

最典型的案例就是保险公司，它们就是按照客户的行业，譬如烟草、汽车、通信等，来划分不同的事业部。在行业事业部里再配置人力、财务、产品交付等支持部门。

这四种传统的组织架构，就是四种把目标授权下去的逻辑。企业选择哪一种架构不能一概而论。经营者必须按照自己所在行业的属性和企业的特性，找到适合企业的组织架构。但是，无论使用哪种方式，企业家都必须遵循一个基本原则——沟通效率最大化。

什么样的结构相互之间的协同性更好，沟通效率更高呢？在做咨询的过程中，我经常会用一个工具——"KISS 法则"，它是四个英文首字母缩写：

- K 是 Keep（保持）。经营者要研究哪些部分架构是做得对的，对的部分要保持不变。
- I 是 Improve（改善）。如果经营者发现有些部分协同性不好，沟通效率低，要按照高效的原则进行改善。
- 第一个 S 是 Stop（结束）。譬如，当经营者根据新的战略去梳理组织架构时，会发现一些层级是多余的，那么就可以把多余的部分去掉。
- 最后一个 S 是 Start（开始）。当企业的战略或业务调整的时候，经营者要充分考虑这些变化，把它增加到企业的组织架构中去。譬如，把一些关键的新业务独立出来。

这就是 KISS 法则：保持—改善—结束—开始。这个 KISS 原则的使用应该从两个维度来考量。

一是层级。企业的组织架构一般以三个层级为最优：CEO—管理层—执行层。一旦组织架构超过了三个层级，超出的层级应该独立出来，或者和其他层级合并在一起。有时候很多企业明明制定的战略很好，市场机遇也不错，但公司层级太多，消息每经过一层都会打折，到最终执行人那里时，他领到的任务和 CEO 指派的任务已然是千差万别。

二是跨度。跨度就是管理者直接管理人数的幅度。一般来说，一个人最佳的管理幅度是 6~8 个人，能力再强也不能超过 20 人。

譬如，像京东这样的大企业，从刘强东到最下面的执行层，每一层级 15 个人，一旦超过 15 个人，就会立马分拆或者合并。

如何搭架子才能保证效率最优呢？我们还需要做三个分析。

第一步：活动分析

所谓活动分析，就是把企业的业务活动拆解出来。

譬如，我们集团前台的业务活动包括电话营销和会议营销，那意味着营销副总裁下面一定会有两种职能部门。首先，电话销售把客户约来，总部再派销讲老师（会议营销的主讲老师）去讲课，偶尔有一些比较大的会场，集团也会指派课程导师来支持一下。中台的业务首先是课程研发，为了保证课程品质，董事长要求所有课程每年必须要有 30% 以上的更新迭代；与此同时，教务部门要配合老师交付课程；课程结束后，品控部门需要邀请客户为课程打分，低于 95 分的课程必须停课；紧接着，客服部门会为客户提供后续服务。所以，我们在课程交付环节，从研发到交付到教学到品质，至少有四个职能。后台还有人力、行政、财务等十几种业务活动。

第二步：决策分析

活动拆完以后要进行归类，前台销售，中台研发生产，后台财务、人力、物流。经营者要重新决策：哪些部门合并在一起？哪些部门需要分开？哪些部门需要独立出来？

譬如，2018 年行动教育把在线商学院给独立出来了，由董事长直接管理。因为我们发现线上渠道对未来太重要了，所以集团决定让线上经营团队自负盈亏，用压力倒逼他们为未来 5 年发展 1 000 万个平台用户的目标而努力。

第三步：关系分析

企业家把所有业务活动都归类以后，还要决定谁来决策，谁来执行，每个岗位会影响到谁。这就是关系分析。譬如，销讲老师也是课程老师，为什么不让中台的教学部门来管理呢？因为行动教育有 28 家分公司，如果大家都抢同一个销讲老师，公司应该如何来协调？所以我们干脆就把销讲老师放到前台，交给营销副总裁自己去协调。

"兵无常势，水无常形"，企业的一切业务活动都要围绕未来战略展开。企业家每年年底要做战略，第二年年初，根据战略进行三大分析：活动分析、决策分析和关系分析，分析完后，开始进行组织架构的微调。

这就像当年杰克·韦尔奇接手美国通用电气公司时，通用电气有 350 个事业部，从上到下一共 12 个层级，每个人的管理跨度多达 18 个人。老先生接手以后，董事会先定了"数一数二"战略，所有未来 10 年做不到第一第二的部门，全部关停并转。

战略定好以后，老先生就开始进行组织调整，把通用电气瘦身到 13 个事业部，12 个层级变成 7 个，每一层的管理幅度从 18 人减少到 8 人。他接手通用电气时，350 个事业部一共才值 130 亿美元。20 年后，13 个事业部打包起来的市值已经超过了 4 800 亿美元。所以，通用电气的改革本质上也是从调整组织架构入手的。

国内有许多优秀企业在遇到增长危机时，也是从调整组织结构入手的。最为知名的当属海尔集团。从 2006 年开始，海尔的组织架构经过了两次重大转型：第一次转型是从传统的正三角结构转向倒三角结构；第二次转型则是从倒三角结构转向节点闭环的网状组织。

在拆解海尔集团第一次转型的逻辑之前,我们先来关注一下海尔集团过去所采用的正三角组织架构,也就是传统的金字塔组织架构。在这个金字塔组织架构中,塔尖是企业的一把手,塔底是一线员工,而中间则是不同层级的管理者(如图 5-2 所示)。

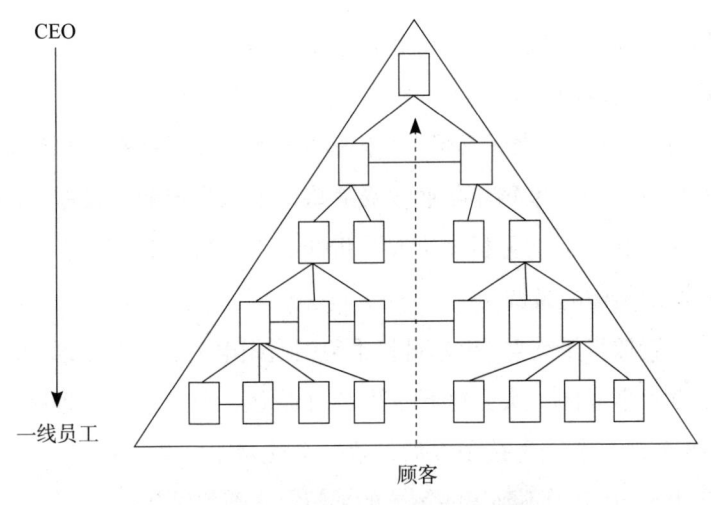

图 5-2　海尔传统的正三角组织架构

这种正三角组织最大的缺陷在哪里?彼得·德鲁克说,企业存在的唯一目的是创造顾客。然而,在正三角组织中,靠近塔尖的高阶管理者掌握着决策的权力,垄断着公司的资源,却离顾客最远,信息失真使其难以快速应对市场的变化。而离顾客最近的一线员工,面对客户的抱怨时,他们唯一能做的就是用"向领导汇报一下"来安抚顾客。

为了解决这个问题,海尔将传统正三角结构转型为倒三角结构。如图 5-3,倒金字塔由三级经营体组成,其中一级经营体直接

第五章 给组织"动刀子"：战略的分工与授权

面对顾客，而二级经营体为一级经营体提供资源和支持，三级经营体为二级经营体提供资源和支持，过去金字塔结构中那些发号施令的领导，现在都变成了资源的提供者和支持者。

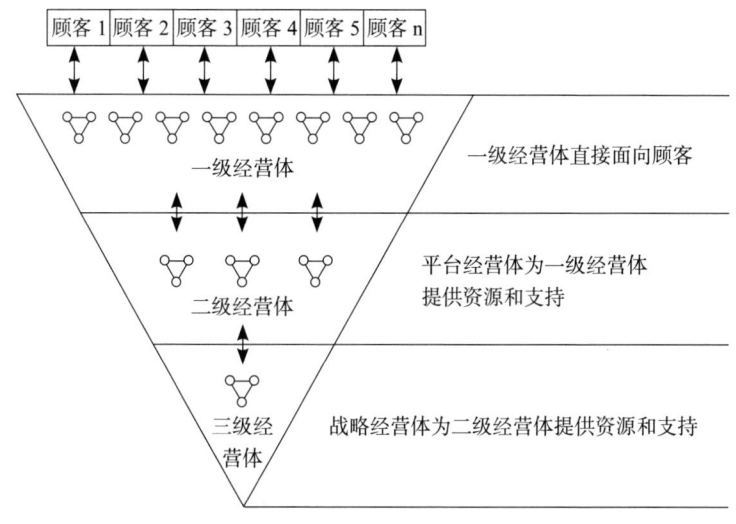

图 5—3　海尔第一次转型后的倒三角结构

一方面，这种倒三角结构颠覆了过去领导驱动的资源配置模式，转而变成以顾客需求为驱动的资源配置模式，顾客位于倒三角组织的最上端，为企业植入了"顾客第一"的基因；另一方面，这种扁平化结构大大压缩了组织的管理层级，使过去金字塔结构中大量的中高管理层被迫交出了手中的权力和资源，走到一线去组建自主经营体，直面顾客和市场带来的挑战。

不难想象，海尔这种颠覆式组织变革的背后，必然伴随着无数利益的博弈，改革的进程一定举步维艰。然而，这不但没有动摇张瑞敏变革的决心，反而使其更加迫切地深化变革，进一步将海尔的组织架构从倒三角结构转型为节点闭环网状组织（如图5-4所示）。

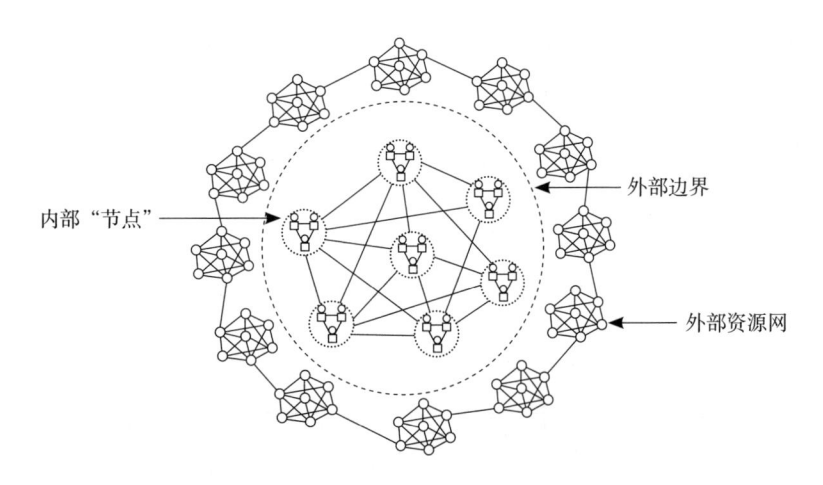

图 5-4 海尔的节点闭环网状组织

"节点闭环网状组织",就是用"节点"这个词代替了传统的部门或职位。在海尔,节点存在的基础是"单",这个节点既可能是一个自主经营体,也有可能是一个单独的个体。各个节点类似于一个"微型创业公司",每一个节点都要明确自己的顾客,并把顾客的需求转化为自己的"单"。这些节点拥有自主用人权、决策权和利润分配权。这种组织架构彻底使组织"去官僚化",各个节点都是一种平等关系,它们是相互服务和增值的。

与此同时,海尔还试图打破外部边界,使每一个节点都可以与外部的资源网进行合作,而且这些节点都是动态的,能够迅速将员工汇集到一起,解决客户的某个问题。

最终海尔变成了一个网络化组织的创业平台。这个平台上只有平台主、小微主和创客。平台主不是上级领导,而是服务员,专门向平台上的创业团队提供服务;小微主是创业团队,创业团队在平台上茁壮成长;创客则是指员工从雇佣者、执行者转变为创业者、合伙人。

每个员工都是一名创客，员工可以自由组合，在内部抢单竞聘成为小微主。一切围绕客户的需求，人人都是 CEO，卖什么产品自己说了算，并通过满足客户的需求，让用户付薪。

在组织变革的过程中，海尔孵化了许多小微主，我们不妨以海尔旗下的雷神团队为蓝本，来看一看这些小微主是如何运作的。

提到雷神，游戏玩家们一定不陌生。雷神科技公司是由海尔集团孵化的一个小微团队，这个团队的初创成员一共三人：李艳兵在海尔笔记本研发中心负责研发，李欣在电脑平台销售部负责渠道，李宁在笔记本电脑领域负责品质管控。

2013 年，在海尔集团网络化战略的推动之下，这三位游戏爱好者聚在一起，他们从电商渠道里收集了超过 3 万条差评，并从中总结出了散热慢、易死机、蓝屏等 13 条问题，立志做一款"高性能的游戏笔记本电脑"。

紧接着，雷神团队基于用户反馈发布了笔记本配置的相关规格和条目，并在百度贴吧与游戏玩家沟通，让用户针对自己最关注的问题进行票选，最终收集到了用户关于性能、形状、颜色等方面的需求。经过多次互动交流，雷神团队做了上百次的尝试，最终确定了产品。

产品做出来以后，雷神团队决定将游戏行业的公测逻辑引入硬件行业，拿出了 30 台样机交给用户和专业媒体进行测评。产品的公测，不仅帮助雷神改进了产品，而且起到了售前宣传的作用。

雷神团队的第一批产品 911 笔记本电脑在京东上市后，不到 1 秒钟，500 台电脑全部被抢购一空。2015 年 3 月 31 日，雷神团队在参与京东"东家"大会股权众筹时，实现了 1 小时 1 300 万元的

113

众筹金额，几乎占到京东整体众筹金额的半壁江山，也因此吸引紫辉创投买下了雷神1 000万元的股权。同年5月18日，雷神新品钢版911M笔记本电脑上市，最终以28 292 979元创造了中国众筹的新纪录。

雷神这家小微主从创业到成功挂牌新三板，并成为新三板游戏生态第一股，仅仅花了3年时间。实际上，在海尔打造的创客平台上，已经有一批像雷神这样的小微主成长起来，这些企业非常重视与用户的互动和产品的迭代创新（如图5-5所示）。

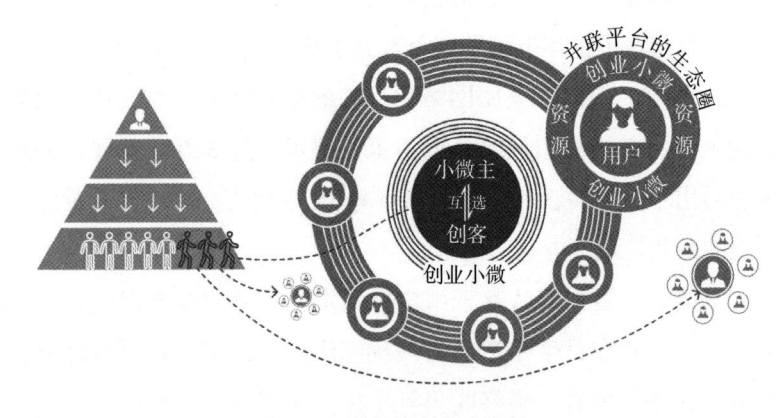

图5-5　海尔的平台生态圈

过去，员工有了新想法，可能会离开平台进行自主创业，这些人无形中会成为公司的竞争对手。现在，这些员工可以向公司提交创业方案，如果创业项目在海尔的生态圈内，那么这个项目由海尔集团控股51%，创业团队的股份为49%；如果不在海尔的生态圈里，海尔会参股投资，为创业者孵化梦想。2019年，张瑞敏曾经披露过一个数据：外部自主创业的成功率不足1%，而海尔生态内部创业成功率高达50%。

今天中国制造业 500 强公司的平均净利润率大约为 2%，很多老牌制造业品牌可能都不见了。而海尔的活跃，与张瑞敏敢于在组织上"动刀子"不无关系。海尔集团通过组织变革，将偌大的科层组织拆分为几千个自主决策、自主开拓市场、与用户零距离交互的创业小微，让航母变成舰队，这大大地解决了制造业最棘手的库存问题。

2016 年，海尔并购美国通用家电后，将"人单合一"模式复制了过去，2017 年通用家电业绩增幅是行业增幅的 1.5 倍；2018 年 1~8 月，通用家电在美国家电市场疲软的情况下，收入逆势增长了 11%，这使得通用家电成为美国大企业里面唯一打破科层制的企业，同时也证明了这套体系是可移植的。

实际上，今天各行各业的企业都在探索组织模式的变革，如餐饮行业的海底捞、西贝和喜家德；服装行业的韩都衣舍；地产行业的万科、碧桂园；水果零售行业的百果园等。无论这些企业的组织架构如何变化，基本都遵循同一个规律：过去一线员工是没有权力的，现在一线员工的权力最大。

譬如，韩都衣舍的小组制，也是打破了传统的组织架构。通过新的组织结构，韩都衣舍推行以小组为核心的运营体系，所有平台资源与服务都围绕着小组运行，使得韩都衣舍从"公司+雇员"的组织体系转为"平台+个人"，通过把经营的权力下放给一线员工，最终激活了整个组织的底层动力。后文我们会专门拆解他们变革的逻辑。

因此，当企业的战略发生变化的时候，组织结构是非调整不可的。越大的企业调整的频次越高，阿里巴巴每年都会大挪移，管理层很难在 1 个岗位上工作超过 1 年，挪一挪就是为了更好地激活员工的潜力。

下层"补课":可复制的商业模式与不可复制的管理模式

中国大部分企业管理靠的是人治。如前文所述,一个人最大的管理幅度只有 20 个人,这种效率是非常低下的。这就是为什么很多公司一开始很赚钱,一旦规模扩大了,反而会亏损。

这说明虽然企业的业务规模扩大了,但是管理方式没有任何提升。企业不能靠人盯人,而是要靠系统管人。所以,在创业刚开始上轨道时,企业家就要开始思考,管理系统一定要可复制。

十几年前,我去参加李嘉诚商业系统的高管会议,整个体系内 2 万名核心高管在香港红磡体育馆被李嘉诚先生接见。现在李嘉诚先生在全球有 22 家上市公司,跨越了 50 个国家,他的管理系统是怎么做到可复制的呢?

其实秘诀并不复杂,就是两个关键词:数字管理 + 会议经营。

数字管理,即企业围绕关键数字做管理,因为数字就像一把尺子,唯有数字才能精确地衡量每个岗位的工作成果。要让企业的管理系统可复制,企业家首先要为每一个岗位找到一个关键数字。

在企业的未来画像勾勒出来以后,实际上企业的经营数字就全部出来了,即 5 年内要抢占多少市场份额?主推产品是什么?产品毛利率是多少?销量要做到多少?新产品做多少?老产品做多少……经营层的成绩单用一个公式来表示:收入 – 成本 = 利润。

因此,管理的大纲其实就是数字。纲的本意是渔网的总绳,管理就是拉住这根总绳,最后掌控全网。在接触企业的过程中,我观察到许多人习惯于管理问题,而非管理目标。这就做错了,管理只有一条主轴,那就是目标数字。

我还是以行动教育为例，阐述一下找到关键数字的逻辑。

当企业的经营战略制定好以后，企业家就可以根据这个战略来设计企业的组织架构。业务活动拆出来以后，接下来就要对每个岗位进行关键动作的量化。譬如，我们的营销团队有两个关键动作，一是电话营销，二是会议营销。电话营销团队的关键指标就是每月邀约到现场参加课程的人数。为了完成这个人数目标，他们会倒推出一天的电话量和拜访量。会议营销团队的关键指标就是现场成交的人数。有了数字以后，经营者才能围绕数字进行会议经营。

很多企业家和管理者一听到会议经营，就会觉得它不值一提，心想开会谁不会？今天许多企业不大，但文山会海。遗憾的是，从我在一线对企业的观察来看，大多数企业家和管理者连会议经营的核心逻辑都没有理解。

会议经营的核心逻辑是通过召开两个会议来改善指标。

第一个会议是业绩会。我们的业绩会定在每个星期一召开，先审核一下关键指标，看看实际达成了多少，差距是多少，如何改善。实际上，管理没有任何高深的东西，就是要把常识坚持做到位。

企业家和管理者把指标授权下去以后，检查了吗？多久检查一次？尤其关键的是开会的频次，因为开会的频次意味着检查和改善的频次。从总经理到部门经理，开会的频次至少是以周为单位，一年48周，围绕数字做48次复盘，这就是最小单位的改善。

第二个会议是培训会。我们通过检查数字发现差距后，会通过培训来提升员工达成指标的能力。只有弥补了能力的差距，才有可能弥补数字上的差距。

部门经理至少一周组织一次专业培训，除了专业培训，每个月还要做一次全员培训。经过我们反复测试发现，全员读书会是最好的全员培训方式。大多数情况下，员工遇到问题没有办法解决，是因为学习的频次不足。假设企业每年组织 48 次专业学习，意味着员工至少能学习 48 种方法，再加上一年 12 次关于职业素养的学习，等于一名员工一年能有 60 次职业技能提升的机会。

通常情况下，企业的目标越高，企业组织的培训的频次就要越高。因为培训就是为了提高员工的能力。培训得越多，员工脑海里存储的方法就越多。未来当经营者把权力授予员工的时候，他们就会调用这些方法解决问题。

所以，真正的管理不是扯皮，不是天天谈心，而是围绕数字一抓到底，推动员工去达成高目标。当员工看到老板是如何管理他的，未来他会有样学样，依葫芦画瓢地管理分公司，这样管理就可复制了，公司就可以实现裂变了。

商业模式的复制其实很容易，最难是怎么把人管好。如果老板没有一套可复制的管理系统，那这件事情是有挑战的。李嘉诚庞大的商业帝国就是把指标一抓到底，然后围绕数字做会议经营，开会效率很高，目的也明确，就是为了改善指标。这两件事情做好了，企业的管理体系就建立起来了。

反观一些中小民营企业的最大的问题是习惯于用语文授权，而不是用数学授权。每个人对词语的理解是不同的，老板心目中的高目标可能是 50%，而员工心目中的高目标可能是 10%。如果老板没有把指标量化，就会造成歧义。所以，在工作开始之前，老板就应该先把每个岗位进行指标量化，并通过全员预算将这些数字前置，只有当员工发自内心地愿意承担这个责任时，老板才算真正把指标和责任授权下去了。

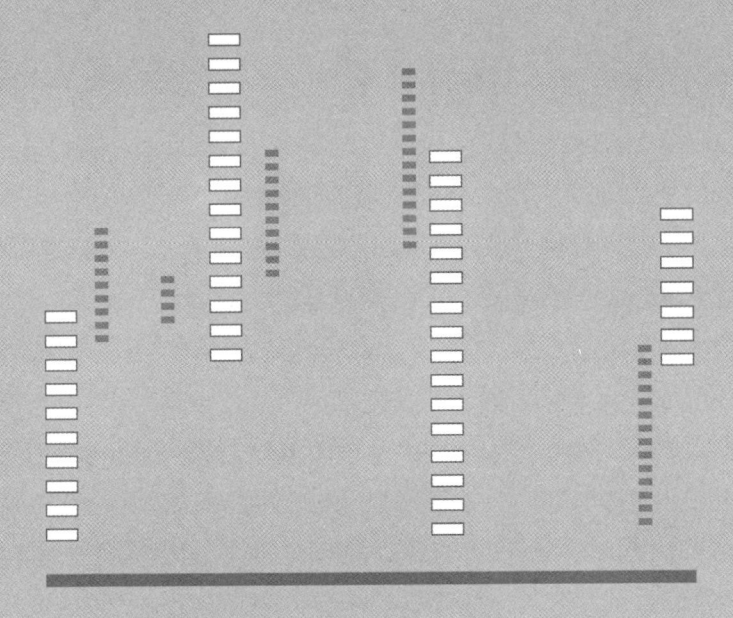

第四篇

组织合伙人：
谁能和你一起实现未来战略？

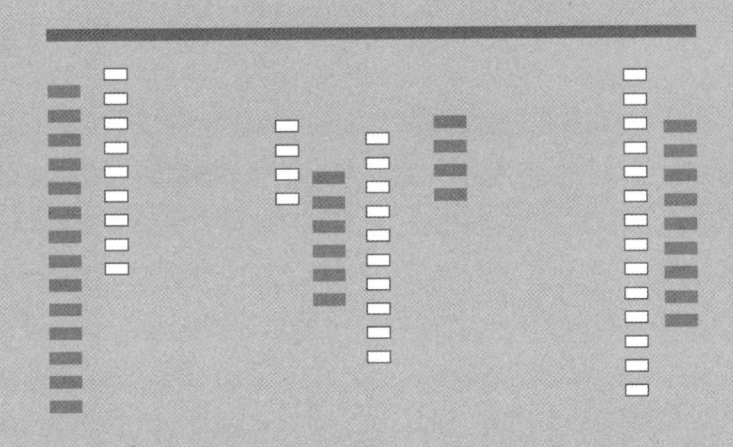

第六章　组织合伙人制：改写组织的游戏规则

让人成为最大限度的盈利单位

在这本书里，我们其实在探讨一个企业家很关心的问题：存量时代，企业如何找到企业的增长潜能？

前文给出了一个答案，这个答案可以简化为一个数学公式：增长 = 未来战略 × 组织战斗力。围绕这个公式，拆解出了一个增长模型，模型的第一颗纽扣是未来画像，而未来画像又可以拆分为市值目标、经营战略和增长策略。

未来 5 年公司的市值能达到多少？为了实现公司的市值目标，管理者需要制定相应的经营战略。而为了实现经营战略，企业就需要一个增长策略，这三者之间是环环相扣的。

那是不是定好了增长策略，就一定可以实现？非也，老板还要花大量的时间和高管沟通,共享同一个梦想,共享同一个未来。

然而,管理层可能只占整个公司人数的5%,只有这5%达成了共识,剩下95%怎么办?所以老板还要把目标授权给下面的执行团队。真正的达标能力,拼的是整体的战斗力。要想让企业的组织能力赢过对手,企业家还要解决人才配置的问题。

在解决这个问题之前,我先请大家体验一个游戏。

每次课程现场,我都会把在场的学员分成两组,让所有人手挽手、脚挨脚地站成两排。所有人的手不能松开,从前往后传递三种物品:一瓶1.5升矿泉水、10个乒乓球和100颗花生。游戏规则是所有物品必须经过每一只手,从起点传到终点,再从终点传回到起点。

虽然每次课程现场的人数不一样,但每次试验反映出来的问题都是相似的:在第一次传递的过程中,两组人往往都错漏百出,先是频繁掉落物品,一会儿掉花生,一会儿掉乒乓球,每一次失误都需要好几个组员一起蹲下去,才能将掉落的物品拾起来,时间就这样浪费掉了;在传递的过程中,我们还会看到另一个问题,传过来的花生和传回去的乒乓球被"堵"在了同一个人手里,旁边的人干着急,只能等到"堵塞"缓解了再继续。

在最近一期的课程现场,第一组花了10分52秒完成了游戏,剩下的那一组花了13分钟45秒。

第一次试验结束后,我会请两组人各自围成一个圈,复盘一下刚才的游戏,一起讨论有什么办法可以提高传递效率。有人建议说,我们必须按照高矮顺序列队,这样传递会更顺畅;也有人提出,每次传递花生和乒乓球的数量不能太多,要计算出最佳传递数量,避免某些组员手太小,拿不下那么多东西,造成失误;

还有人提出对左右手进行分工，所有人都左手接，右手回……

复盘结束后，新一轮游戏开始了。在大家约定好规则以后，掉落物品的次数明显变少了，传递过程中的"堵塞"也被清除了。最慢的那一组也在 5 分钟内完成了传递任务。

这只是一个简单的游戏。在实际工作中，团队人数远远多于课程现场的人数，工作的复杂程度也远远大于传递物品。但是，通过这个小游戏，我想提醒企业家和高管：是参与游戏的每一个个体决定了组织的整体效率，决定了企业能否比对手更快更好地到达终点。

组织就是每一个个体的叠加。每个管理者都应该知道，一个人的时候，你的成果你自己说了算，但是，领导一个团队时，你的成果是由别人说了算。假设你手下有 100 个员工，那么这 100 个员工共同决定了你最终的成果。

管理最大的挑战在于企业人太多了，很难让每个人做到位。高效的组织背后是因为有高效的人，就像刚刚的游戏，如果每个人都能做到位，做到不犯错，组织的效率一定高。

在这个问题上不能一蹴而就，我们不要妄图去煮沸大海。任何一家公司，如果管理者想从一开始就全盘提升所有人的能力，是不现实的。更可行的策略是以点带面，先让一批人率先做到最好，让他们用榜样的力量去影响剩下的人。星星之火，终可燎原。

因此，在管理过程中，管理者要先扶持金牌员工，金牌员工扶持起来后，后面的人信心就起来了。

衡量组织能力的唯一标尺：人均效率

组织能力是比对手更快达成未来战略的执行力。执行力的背后，其实就是达标能力。

从人的角度看，达标就是一个人从"人材"到"人财"的过程。

企业经营招进来的是人材，人材就是成本。譬如，表面上企业每个月支付员工小王 5 000 元工资。但我们曾经做过一个测算，除了员工工资，企业还要承担员工的五险一金、公司房租、管理成本……这些都是看不见的成本。实际上公司每月承担的总成本大约是一名员工工资的 8~10 倍。所以，集团给销售总经理定的指标是每月人均销售额不能低于 6 万元，这是企业的底线目标。低于这个底线目标，企业就是亏损的。

但是，我们招聘小王不是为了达到底线目标，而是希望小王能够成为人财，所以经营者应该通过数字管理 + 会议经营，帮助小王具备达标的能力，成为企业的盈利单位。

实际上，市场是否允许一家企业持续活下去，就看其员工能为企业赚了多少钱。前文提到，7-11 和阿里巴巴给我们树立了榜样，他们的年人均利润超过 110 万元；而我们的年人均利润才刚刚 10 多万元，与这两家标杆企业相差 10 倍以上。

归根结底，最后企业与企业拼的就是人均利润。同一个市场内，在支付的成本都一样的前提下，你能不能把人材变成人财，把成本变成利润？很多企业之所以赢不过对手，就是这个能力不够，这是本质。

不妨测算一下，你的组织能力如何？你的员工是盈利单位还是亏损单位？

那么，什么样的员工会成为盈利单位呢？他们有什么特质呢？我给大家两个建议。

第一，思维方式。在他的思维里面，这份工作是老板的事业还是自己的事业？看待事业的方式不同，决定了他是 100% 投入还是 50% 投入。

第二，员工能力。员工能力包括两个维度，一是过去的经验，来自达标路上的经历，哪怕是失败的经历，也是宝贵的财富；二是潜力。潜力比经历更重要。也许过去员工知道事情该怎么干，但是未来这个人能否干好不是经历决定的，而是潜力决定的。

中小企业老板最容易犯的错误就是重经验、轻潜力。经常有老板向我抱怨：我花了大价钱从大公司挖进来的人才，怎么就是用不好？因为这些人的能力是平台赋予的，你高估了他的能力。一般情况下，以前在大公司工作的人要降维使用，试用期职位可以降一级，但工资待遇不能降。

在用人的过程中，我们不要过分迷信经验，真正要关注的是潜力。重要的不是他过去干了什么，而是未来能干什么。所以，一个能否干得好要看：这个人有没有企图心，愿不愿意承担增长的责任，有没有足够的学习力。企图心再加上学习力，哪怕此人经验有所欠缺，假以时日，也会成为组织能力最强的人。

增长责任授权不下去的根源：员工治理方式在失效

如何让一位员工 100% 愿意承担高增长目标，是一个非常有意思，也非常有挑战性的问题。

虽然要让所有员工都愿意承担高增长目标并不现实，但是管理者可以先把金牌员工培养出来，这些金牌员工就是企业增长的火种，要想把这批增长火种的潜力调动起来。很多人可能会在绩效机制、管理手段等方向上找解决方案。

但是，我的答案不太一样，我认为最彻底的解决方案是改变员工的治理模式。时代变了，用户在变，员工也在变。今天的企业家要重新认识一线员工。过去，一线员工只是老板的手和脚，今天企业家要把他们当成是一个真正的个体，发自内心地认可他们作为个体的价值，并充分释放其价值，这样才能真正激活一线员工的潜力。

现在市面上有两种管理方式：一种是常见的职业经理人制，还有一种是合伙人制。

过去企业在管理员工时往往采用职业经理人制，即老板雇用职业经理人，职业经理人监督员工，整个结构是一个上传下达的金字塔结构，员工就是执行者，听话照做就可以了。企业家雇用的是一个人的手脚，而不是他的大脑。在工业时代，这种管理方式是有效的。

为什么这种管理模式会有效？我们必须要回到历史中才能理解。

18世纪中叶到19世纪初，随着英国圈地运动愈演愈烈，许多农民都失去了土地。与此同时，第一次工业革命以后，手工业者生产的产品难以与工业品竞争。最后造成的后果是，这些农民和手工业者变得一贫如洗，他们失去了房屋、土地、工具和资本，除了劳动力外一无所有。所以，他们只能完全依靠他们的雇主，把自己变成纯粹的雇佣劳动者，这就是雇佣制的起源。

正因为如此，当时的资本家只是把工人看成是"机器上的齿轮"。最著名的当属老福特的一句话：我明明雇用的是两只手，怎么来了一个人。

今天，商业竞争的格局早已发生巨大的改变，随着知识经济的崛起，大多数企业雇用的早已不再是双手，而是效率可能相差数百倍的大脑。雇员也不再是一无所有的"无产阶级"。今天的90后、00后诞生于小康年代，他们普遍崇尚自我、蔑视权威、不差钱、更不喜约束，如果老板还用工业时代的方式来管理他们，怎么可能高效呢？

这点暂且不论，我们先来梳理一下职业经理人的缘起与变迁。

工业革命以后，福特汽车公司开创了流水生产线的先河，这意味着工厂可复制了。过去福特汽车公司只能在底特律开工厂，接下来它可以在全球开工厂了。但是，公司的老板只有一个，企业不可能把所有的工厂都交给一个人来管理。所以，公司跨区域发展后，就需要一群人来帮助老板管理员工，这时候职业经理人就出现了。所以，职业经理人是随着标准化作业的快速发展而出现的一个群体。

20世纪80年代，许多世界500强企业进入中国市场，如宝洁、联合利华、奔驰、大众等。随着进入中国市场的500强企业越来越多，职业经理人这个群体也越来越壮大。紧接着，他们开始跳槽，在市场上流动。与此同时，中国的一些头部企业也开始学习欧美的管理模式，启用职业经理人来管理公司。

然而时至今日，职业经理人群体遇到了一个很大的挑战。

在接触企业的过程中，经常有企业家向我抱怨："我花了几百万年薪请来的职业经理人，背景十分出众，但是做出来的业绩远远不及我的期望，也没有办法带领公司增长。"确实，猎头帮你从世界500强企业挖一个总监级别的人才，可能需要你提供几百万年薪。雪上加霜的是，市场环境变化太快了，在一个存量市场里面，许多企业已然处于微增长甚至不增长的状态，如果企业支付了职业经理人的高额工资，最后企业利润就会所剩无几。

因此，企业招聘职业经理人的本意是为了解决增长的问题。但是，如今许多职业经理人被猎头过度包装，其实他们的能力远没有简历里写得那么漂亮，如果你对他们期望太大，最后可能成效很低。就算有些职业经理人能力不错，但他好不容易在一家企业干了2~3年，结果原来的猎头又跑过来诱惑他，某家公司涨薪30%，去不去？所以，现在整体商业环境太浮躁了，企业家想通过找一个职业经理人来解决增长的问题，成功的希望比较渺茫。这也让职业经理人群体陷入了一种被质疑的尴尬境地。

从当下的管理矛盾来看，未来5年，如果某些行业的企业还在用科层制和职业经理人制来管理员工，一定会遇到很大的挑战。因为企业对于市场变化反应的灵敏度降低了，当企业的决策跟不上市场的变化时，就必然被市场所淘汰。因此，企业管理者们需要开始在员工治理方式上进行创新。

这也是海尔、海底捞、西贝、万科这样的标杆企业都在思考用合伙制来管理公司的根源所在。

事实上，合伙制并不是这些企业首创的。很早以前，这种合伙人制度就出现在律师事务所、投资银行、咨询公司等轻资产、重人力资本的行业里。这些行业已经充分论证了：合伙人制是最理想和最有效的管理方式，可以最大化激活个体潜能。

这些合伙制企业就是让员工自己来管理自己。譬如，俩人共同成立了一家律师事务所，各自跑业务，双方共用一个品牌，共同承担房租，共同支付前台、财务、人力等支持部门的成本。总而言之，双方责任共担、利益共享，根本不存在谁管谁的问题。

当然，今天大部分企业都没有必要改变公司形态，而是应该把合伙人制的逻辑和模式移植过来。通过治理方式的变革，让优秀人才成为企业的组织合伙人。

发展组织合伙人是打开自驱力的钥匙

我认为在当下的商业环境中，企业所面临的最根本的挑战，在于职业经理人的本质是有条件地承担企业的增长。

这句话听起来有些拗口，"有条件"就是指，只有当职业经理人的收入需求得到满足时，他才会承担有限责任。因为在他的认知里，即使自己在企业里的职位再高，也只是为老板打工的，这份事业是老板的，与自己无关。身份决定了他的立场，立场决定了他的选择。

只有改变他的身份，才能改变他的立场。通过改变身份，老板其实是在告诉员工：过去你为我打工，但是，现在我让你成为合伙人，这份事业是我的，同时也是你的，我们都要无条件承担企业增长的完全责任。

如此一来，身份的改变就重新改写了老板和职业经理人之间的关系格局，将博弈关系扭转为合作关系。

我在阅读《毛泽东选集》时，发现毛主席真的非常有智慧。

在中国共产党创立之初，毛主席在分析战争形势时说："红军虽小却有很强的战斗力，因为在共产党领导下的红军人员是从土地革命中产生，为着自己的利益而战斗的，而且指挥员和战斗员之间在政治上是一致的。"[1]

在红军成立一开始，共产党就做了一个重大决定——废除军

---

[1] 《毛泽东选集》，人民出版社1991年版，第一卷 P190。

队雇佣制。

为什么要废除雇佣制？毛主席在《毛泽东选集》第一卷中解释道："红军士兵大部分是由（国民党）雇佣军队来的，但一到红军即变了性质。首先是红军废除了雇佣制，使士兵感觉不是为他人打仗，而是为自己、为人民打仗。"[1]

我不知道你有没有抓取到这两句话的关键词："一致"和"为自己"。正是这两个词，激发出了人的自驱力。钱买不到真正的积极性，只能买来唯利是图的人。

在给企业做咨询的过程中，我发现有的企业在 3 亿元到 5 亿元这个瓶颈中徘徊了三四年。很多老板认为增长的瓶颈在于资源不行，在于自己的学历不行。但是，我们研究后认为，一是老板的思维不行，二是老板组建管理层的方式不行。

高盛集团高级合伙人费里德曼说过一句名言："没有人会去清洗一辆租来的车。成为合伙人的梦想是一种无与伦比的激励力量，也是吸引最优秀人才的巨大诱惑。"

企业不增长的根源，就是管理者忽略了两个词："一致"和"为自己"。因此，发展组织合伙人目的，其实就是让员工得到这两个词，让员工感觉到自己和老板的利益是一致的，自己是在为自己的事业而奋斗。

让员工成为组织合伙人满足了人性的三重需求动机：一是满足了社会需求，人性对权力有需求，合伙人这个身份意味着一定的决策权；二是满足了心理需求，即对荣誉的需求，合伙人代表着社会地位的跃升；三是满足了生理需求，即人对财富的需求，

---

[1] 《毛泽东选集》，人民出版社 1991 年版，第一卷 P63。

合伙人机制将改变员工的收入结构，让员工多了增量分配、分红和股权增值的收入。

三大需求的满足能最大限度地调动人性对创造未来美好生活的渴望，为员工克服困难和面对挑战注入了足够的勇气和心力。

身份变了，人的思维就变了。思维变了，人的潜能就会被激发。所以，为了企业更好更快的增长，企业家必须要创新管理员工的方式，以组织合伙人制取代职业经理人制。

组织合伙人制是责、权、利的重新分配

近年来，合伙人这个词越来越热门，不少企业都把员工变成了合伙人。然而，组织合伙人的本质是对企业的责、权、利进行重新分配。通过责、权、利的重新分配，搭建一套全新的、更加有效的合作网络，重新构建一套新的企业秩序，激活企业的底层动力。

如何分配企业的责、权、利，才能最大限度地调动人才的潜能呢？这里我们先从权力的类型入手来考察这个问题。

企业里一共有三种权力：所有权、经营权和收益权。当企业把所有权和经营权进行分配的时候，就会出现不同类型的组织合伙人。我们可以画一个坐标轴，纵轴是所有权，横轴是经营权。企业家在企业发展的不同生命周期，根据企业的战略需要，发展不同类型的合伙人（如图6-1所示）。

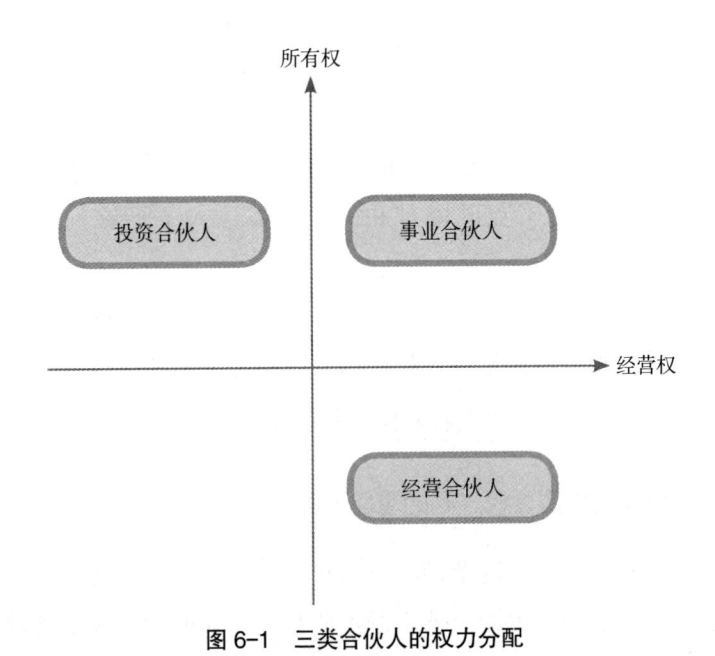

```
         所有权
          ▲
          │
   ┌──────────┐       ┌──────────┐
   │ 投资合伙人 │       │ 事业合伙人 │
   └──────────┘       └──────────┘
          │
          │
──────────┼──────────────────────▶ 经营权
          │
          │       ┌──────────┐
          │       │ 经营合伙人 │
          │       └──────────┘
          │
```

图 6-1　三类合伙人的权力分配

第一类：经营合伙人，有经营权，没有所有权

在企业发展的早期，增长速度是最关键的。在这一阶段，我们建议企业发展经营合伙人，即企业家把企业的经营决策权下放给合伙人，让他们自行决定今年的目标业绩、开发客户的数量，以及招聘员工的标准等。

春江水暖鸭先知，这些人离市场最近，离用户最近，对市场的变化能做出最快的反应，更好地满足客户的需求。当然，按照责、权、利对等的原则，既然经营合伙人有了决策权，可以分享增量业绩，也就必须为企业的增长负完全责任。

第二类：投资合伙人，拥有二级公司或门店部分所有权

在企业拿下了某一区域市场的第一份额以后，企业家紧接着就要考虑跨区域扩张，此时是发展投资合伙人的最佳时机。

发展投资合伙人就是企业家通过给合伙人开放区域公司或项目公司的投资权来换取企业扩张所需要的稀缺资源，这个稀缺资源包括核心人才、资金、成熟的渠道、项目所需的人脉、优质地段、稀缺性技术等。通过发展投资合伙人，企业家可以把内部高管、一线金牌店长、产业链条上下游的资源股东等全部整合进来，助推企业的发展。

例如，我们集团的客户西贝餐饮集团就在机制设计上做了创新。西贝每开一家新店，总部只占股60%，团队自己投资40%。[①] 所以，新店只需要向总部上缴60%的利润，余下的40%由管理团队自行分配。西贝的贾国龙董事长把这种组织模式总结为"共创共享"，即团队共同创造价值，然后再把价值分配出去。在后文中我们会对西贝的案例做更加深入的解读。

与此同时，企业家也可以把一部分投资权开放给产业链上下游。譬如，万科除了开放一部分跟投的权力给内部员工，也把地产项目的部分投资权开放给上游原材料供应商、房屋承建商等。如此一来，万科就把自己的利益与上下游捆绑在一起，双方形成了资源互补的利益共同体。

无论是否参与二级公司的经营，只要为这家二级公司输入了资源，投资合伙人就拥有二级公司的分红权。相应地，他们也要为企业发展提供相应的资源，承担相应的责任，帮助企业实现又

---

① 参考《西贝的服务员为什么爱笑》，贾林男著，文汇出版社，2019。

快又好的扩张。

第三类：事业合伙人，既有经营权，也有顶层主体公司的所有权

事业合伙人，就是既拥有公司的经营权，也拥有顶层主体公司的股权的合伙人。所以，事业合伙人不仅包括公司的原始股东，还包括部分核心高管和杠杆员工。在公司未来上市的路途中，企业家要捆绑住这群对公司业绩有重大影响的核心人才。

今天许多互联网公司一开始就一步到位，员工的薪酬包括顶层主体公司的期权，这是由于互联网大多靠资本输血，有清晰的上市和资本规划。传统企业发展组织合伙人时还是应该循序渐进：根据战略匹配的原则，先发展经营合伙人，把增量业绩做起来；员工的信心经营起来以后，企业家可以择优发展一批投资合伙人，帮助企业实现又快又好的扩张。最后，企业家在这个过程中，锁定一批对业绩有重大依赖的核心关键人才，开放公司的顶层股权，把他们升级为事业合伙人。

经营合伙人：高铁式变革

一次，我和一位同事乘坐高铁出差，途中聊到一个话题：为什么高铁的速度是传统火车的好几倍？

这位同事是工科出身，他为我科普了一下背后的原理：高铁速度快，是因为与传统火车相比，它的动力系统发生了根本性的变化。传统火车通常是把动力装置集中安装在车头，车头后面挂了许多没有动力装置的车厢。过去有一句俚语叫"火车跑得快，全靠车头带"。但是，高铁是把动力装置分散安装在每一节车厢

上，换句话说，高铁的每一节车厢都有独立的动力系统。

这个答案让我联想到一个有意思的话题：企业的动力系统是否也能做这样的改变？过去我们常常把老板比喻为"火车头"，但是今天市场变化太快了，老板一个人拉不动整个公司了，组织也需要高铁式变革，让每个经营单元都拥有独立的动力系统。

因此，发展经营合伙人的目的是想为企业打造一支"高铁式"经营团队。这句话说起来容易，要做到却很困难。但是，国内有一家连锁商超做到了，它就是永辉超市。

永辉超市的董事长张轩松在一次调研中发现，他们生鲜区的员工在码放水果、蔬菜时毫不怜惜，经常随手一丢一砸，反正损失都是超市的，与他们无关。

张轩松认为，这个问题的根源在于员工没有热情。正如美国经济学家杰克·弗朗西斯所言："你可以买到一个人的时间，你可以雇一个人到固定的工作岗位，你可以买到按时或按日计算的技术操作，但你买不到热情，你买不到创造性，你买不到全身心的投入，你不得不设法争取这些。"

如何才能激发员工的热情，让员工全身心投入呢？永辉超市的管理层一直在思考这个问题。后来，在执行副总裁柴敏刚的指挥下，永辉超市尝试进行组织变革，实行"合伙人制"，他们希望通过制度变革，把员工从打工者变成经营者。

变革开始了，一个永辉大卖场被拆分为16~18个经营单元，每个柜组就是一个经营单元，每个单元都是"6+1"模式，即6名组员选举1名组长，公司直接将经营权下放给一线员工。譬如，为了更加灵活地应对市场，永辉超市的生鲜价格一日数变。营业前，生鲜经理带着组长对一二百个品种的生鲜逐一定价销售。营业中期，由生鲜经理视鱼的鲜活程度、菜的新鲜程度随时降价；临近闭店时，理货员还可以与顾客议价，经请示经理后大幅打折。除了类似的业务决策权外，每个小组还有用人自主权，因为每多加一个人，意味着又多一个人分享收益。

在分配机制上，总部与经营单位会根据历史数据和销售预测制定一个业绩标准，如果实际经营业绩超过了设立的标准，增量部分的利润按照比例在总部和合伙人之间进行分配。而分成比例方面是可以沟通讨论的，五五开、四六开，甚至三七开都有过。组长拿到这笔分红之后，会根据各组员的贡献度进行二次分配，使得分红机制照顾到每一位一线员工。

当员工发现个人收入与团队收入挂钩时，他们的行为就会改变。同样是码放果蔬，他们会轻拿轻放，严格遵照保鲜程序。最终，在同行的果蔬损耗率超过 30% 的情况下，永辉超市的果蔬损耗率仅为 4%~5%。

这套机制运行 5 年后，2016 年永辉超市的营收增长了 17%，利润增长了 105%，员工人数却下降了 4 739 人，效果可见一斑。

永辉超市的投资人徐新讲述了永辉实施合伙人制度前后的差别："很多人成为事业合伙人之前都拿回扣，但是成为合伙人后，就不敢吃回扣了。这是因为，第一，这跟自己的利益息息相关；第二，其他同事会盯着，因为一旦有人吃回扣会影响到他们的利益。所以，内部协作感和相互之间的监督制衡，都自然而然产生了。"

从企业实践来看，合伙人制可以有效调动一线员工的积极性，因为员工的收入自己做主，与增量业绩挂钩。企业可以通过动态机制的设计，奖励那些创造高价值的人，淘汰掉那些无法持续创造价值的员工。

投资合伙人：企业的"圈地运动"

为什么要推行投资合伙人？投资的本质不是要员工或合作伙伴交钱，而是要他们交心。

海尔集团的创始人张瑞敏曾经分享过一个观点："我们内部叫作由'企业付薪'改成'用户付薪'。简单说，我认为大公司干不好，主要的原因就是所有的员工都和管理者博弈。我希望用户付薪改变什么？你不要和我博弈，而是要和你自己的能力博弈。例如，我们要求风投进来之后，你必须跟投，把身家性命押上，这样就必须要努力往前走。像诺贝尔经济学奖获得者弗里德曼说的，拿公司的钱干公司的事，肯定是最没有效率的。为什么不能改成拿自己的钱干公司、个人都得利的事儿？这真的和原来的公司治理不太一样。"

投资合伙人的本质，就是改变企业家与员工或合作伙伴之间的利益格局，让员工或合作伙伴通过投资的方式，把自己的钱放进来的同时，把自己的心放进来，让双方之间的关系从博弈走向共谋。

在今天的地产界，跟投制可谓遍地开花。跟投制的本质，其实就是把员工发展为企业的内部投资合伙人。有地产企业做过测算，如果开放项目投资权，项目的交付周期至少可以缩短 6 个月。所以，许多地产公司如果开发一个新楼盘，必定要求这个项目整条线上的负责人强制跟投。以万科为例，跟投的股份都设置了上下限，经理不低于 20 万元，项目主管不低于 5 万元，集团层面的高管投资金额不得高于 500 万元，其他员工可以自由跟投。

跟投的好处之一，是钱投进去的同时，员工的责任心也大大提升。对于这个项目，员工一定会负完全责任，在品质和交房周期上全力以赴。跟投的好处之二，是可以缓解企业的现金流压力。在房地产这样的资金密集型行业中，跟投制就等于内部融资，甚至有些房地产公司在实施跟投制后，一开始的启动资金全是内部员工贡献的。除了内部员工以外，这些房地产公司还会开放一些额度给提供配套服务的外协单位。

也就是说，除了把内部员工发展成为投资合伙人，企业家还可以利用投资合伙人制来整合外部产业链条上的资源。

我们曾经服务过一家酒店行业的客户，其定位有点类似于亚朵酒店。

这家酒店的老板原来经营的是五星级酒店，然而现在五星级酒店的入住率不高，反而中端酒店的市场机会更大，所以他想一次性拿出10亿元来投资精品连锁酒店。我让他不要急，先拿出2亿元来，2 000万元开一家，开10家以后就可以融资了。

实际上，对于这家企业来说，在项目发展前期，最缺的不是钱，而是黄金地段。所以，当时我建议他们去找那些手上有黄金地段物业的人，和别人合作。他们给对方一个商业模式并负责品牌运营，对方出物业，这些提供优质地段物业的业主就是典型的资源股东，双方可以合伙经营这些酒店。

哪些人会愿意跟他们合作呢？一般是那些在区域市场里面有店面，但是产品老化、模式老化的人。双方可以进行资源嫁接，快速在这个市场里打开局面。

除此以外，酒店配套，甚至装修公司，全部都可以按照这个逻辑成为酒店的资源股东，双方共同成立一家二级公司，由我们的客户来控股。今天做生意，经营者要学会整合多方资源和产业链，因为现在产业链条上有钱、有资源的人很多，但是他们找不到一个好的项目。

2019年底，这位客户告诉我，通过这种方式，他们半年内已经在华北市场找到了7个拥有优质地段物业的资源股东，一下子开了7家酒店。仅仅北京，就一次性开了3家。

发展投资合伙人还有一个好处，就是有利于企业培养自己的人才队伍。过去，这家公司五星级酒店业务模块里的管理者岗位已经被占满了。公司发展了十余年，第二人才梯队已经培养起来了。如果公司不能给第二梯队的人才一个晋升通道，这些优秀人才很有可能就会流失掉。公司好不容易培养了三五年的人才，就这样流失掉是非常可惜的。所以，这位老板就把这些第二人才梯队转成新事业的内部投资合伙人，让他们投资一家店，同时去做店长。所以有时候企业不发展，就根本留不住人才，因为公司没有空间去安排这些人。

这位企业家梦想很大，他希望未来5年能够开出上千家店。我在辅导的过程中，与其中几个高管有过深度沟通，他们都非常感恩老板，干劲儿十足。他们认为老板搭了个平台，让他们未来有机会身家过亿，他们是在为自己而拼搏。

我们在设计机制时，充分考虑了外部合伙人和内部合伙人。外部合伙人是资源股东，用于打通渠道资源。我们辅导的大部分企业都拥有好的产品，却苦于没有用户。这时候，我们就建议他们和资源股东成立区域子公司，这些资源股东大多有店面，有团队，扩张起来速度非常快，能帮助企业快速完成"跑马圈地"。当然，所有资源股东一开始都在二级公司，不在顶层股权结构里。

但是，如果未来这些资源股东贡献大的话，企业家也可以奖励他们一部分顶层公司的股权。

因此，投资合伙人最大的价值，就是形成裂变，帮助企业快速"圈地"。在这个年代，经营者只需要把一件事情做到极致，无论是把品牌做到极致，或者管理效率做到极致，就可以整合资源。这样，当企业扩张的时候，第一个投资人可能就是企业的员工和产业链条的合伙伙伴。

事业合伙人：点燃 4% 的增长火种

第三类合伙人叫事业合伙人，指的是企业的杠杆员工。根据帕累托的"二八法则"：20% 的员工决定了公司 80% 的业绩，也就是，少数关键员工决定了公司大部分的业绩。从 20% 中再细分出来，其中 20% 中的 20%——4% 的员工决定了企业 64% 的业绩。这 4% 的员工就是企业的杠杆员工。

如果你的公司准备要进入资本市场，那么企业家要把这 4% 的杠杆员工找出来，因为公司对于这 4% 的员工是有依赖的。对于杠杆员工，企业家要为他们定制股权激励计划，形成深层关系，也就是股东关系，未来 5 年大家一起把蛋糕做大，从事业共同体到利益共同体。

股权激励的本质是在现在把企业未来的利益，用企业最值钱的资源——股权支付给员工，今天公司规模小，股权价值还小，大家一起努力，把公司做大。未来 5 年如果公司增值了 100 倍，那么员工的财富就增值了 100 倍。人无股权不富，对于职场人士而言，要想财富倍增，只能靠股权增值。而只有极少数人，才能拿到股权增值的回报。

今天的互联网公司靠的就是底薪加期权来吸引人才的：企业用未来的钱来吸引员工，降低当下现金支付的压力。等到大家齐心协力把企业增长做起来，到了 C 轮、D 轮融资的时候，高管就可以套现一部分。最终是事业合伙人决定了一家企业跑得有多快。

不过，我们要提醒各位企业家，如果你的公司没有定资本战略，那么我不建议做股权激励，因为一旦几年下来股权没有增值，反而会对核心人才形成负激励。譬如，曾经有一位金山的老员工给雷军发邮件说："八年前我加入金山时就听说公司要上市，每年过年回家都要跟我父母讲，结果最后连我爸都不再相信金山要上市了。"所以，雷军形容这种状态让自己感觉到身心疲惫，这期间许多优秀的同事都选择了离职，因为这些人在金山工作非常努力，付出了很多，却没有得到回报。在上市这个承诺没有兑现的情况下，大家付出越多，情绪反弹得就越厉害，很容易酝酿出负面情绪。

所以，在老板没有打定主意走资本道路之前，要先把业绩做起来。拿到了一个区域市场的第一份额后，企业就可以扩张了，再拿到细分领域第一的位置，企业就可以走资本道路了。在这个过程中，企业家可以把那些一起吃过苦、未来也会有巨大贡献的人才升级为事业合伙人。因此，组织合伙人最好考虑递进式发展，先从经营合伙人开始，给予增量分配，在这个过程进行磨合如果价值观没问题，能力没问题，再优中选优，升级为事业合伙人。

在这个过程中，我们不能忘了发展合伙人的初心。今天许多企业只是为了赶时髦发展合伙人，看到竞争对手发展合伙人，我们也要跟风，这一定是错的。回到原点，合伙人永远是为企业的未来战略服务的，企业一定要从自身的战略需要出发，发展当下最需要的合伙人类型。

合伙人的选择标准

在明确了组织合伙人的重要性以后，经常有企业家问我："什么样的人才有资格被发展为合伙人？我们应该按照什么样的标准来找合伙人？"我认为，合伙人的选择标准可以被拆解为以下五个特质。

特质一：一定要认同公司的价值观和未来画像

公司是一个共同想象。当我们相信它时，这个共同想象可以支撑所有人亲密无间的合作；反过来，当我们不相信它时，这个共同想象也会一夕崩塌。如果合伙人不是发自内心地认同公司的价值观，那么他在这家公司一定走不远。

我曾经犯过许多老板都犯过的错误，把那些有点能力，冲着钱加入我们的人当作一流人才委以重任。最后惨痛的教训告诉我，员工会因钱而来，也会因钱而走。所以，后来在面试员工时，我都会询问他们的梦想，同时也向他们分享我们的梦想。

特质二：要有企图心，有成功的欲望

在这里，欲望不是一个贬义词，而是一个中性词。本质上说，欲望是行为的动力源。

华为有一句话叫"高层要有使命感，中层要有危机感，基层要有饥饿感"，这里的"饥饿感"，其实就是人们对成功的欲望。

如果一个人的欲望不够，那意味着其动力也会不足。

所以，从我的观察来看，没有足够企图心的人，很容易中途放弃，成为公司的逃兵。

特质三：要有学习力，要有好奇心

好奇心是人才最重要的资产。尤其是在商业世界中，变化是常态。只有保持对新事物的好奇心的人，才会有动力去学习；只有拥有足够的学习力的人，才能更好地应对商业世界的变化。

在瞬息万变的市场环境下，组织和人拼的就是进化的速度，谁能够不断自我学习、自我迭代、自我颠覆，谁才能更好地面对商业世界的竞争。所以，合伙人一定不能固守自己的经验，不能泯灭自己的好奇心，不能排斥新事物。毕竟，保持旺盛的好奇心和充足的学习力，才是一个人根本的生存之道。

特质四：要有意志力，有再来一次的勇气

一个真正成功的企业，一定会完整地穿越行业周期。在周期的起起伏伏中，人与人真正拼的不是能力，而是意志力。

在行业周期的低潮期，一个合格的合伙人在遇到问题和障碍后，应该能主动面对它、解决它。当别人都放弃的时候，他会咬紧牙关再多试一次，有再来一次的勇气。

特质五：要有激励他人和自我激励的能力

领导者必须具备带队伍的能力，现在进入职场的95后和00后，已不再坚守"听话照做"的价值观。我曾经看到一个令人惊诧的数据：95后平均工作7个月后就会离职。所以，如果合伙人激励不了这群人，必然会给企业带来巨大的成本损失。

　　合伙人必须要有能力把自己的想法同步给下属，让他们知道你想要什么，为什么要，这样做对他有什么意义……只有让他们发自内心地理解你的想法，发自内心地愿意同你一起，全力以赴地成就一番事业，这样他才愿意不折不扣的执行，这些都需要强大的沟通能力。这个过程千难万险，合伙人也必须要有自我激励的能力，能够搞定自己的懈怠和负面情绪。

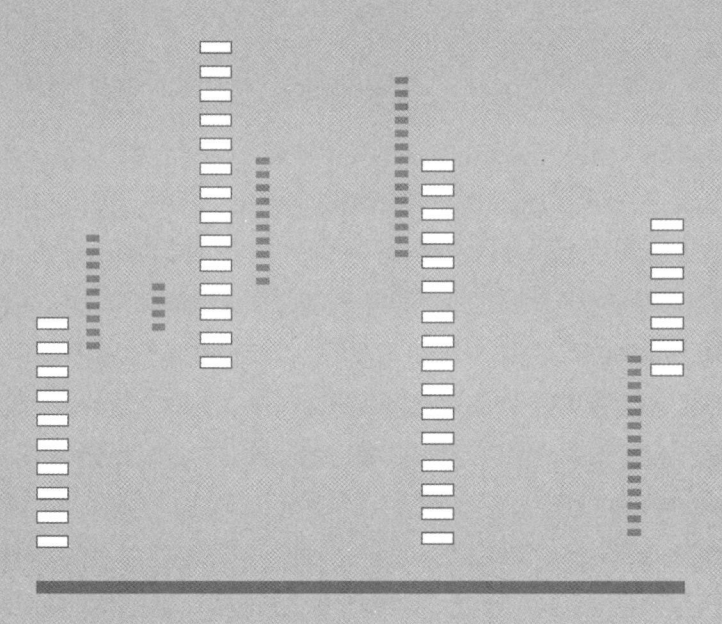

第五篇

**机制赋能：
如何激发人的潜能？**

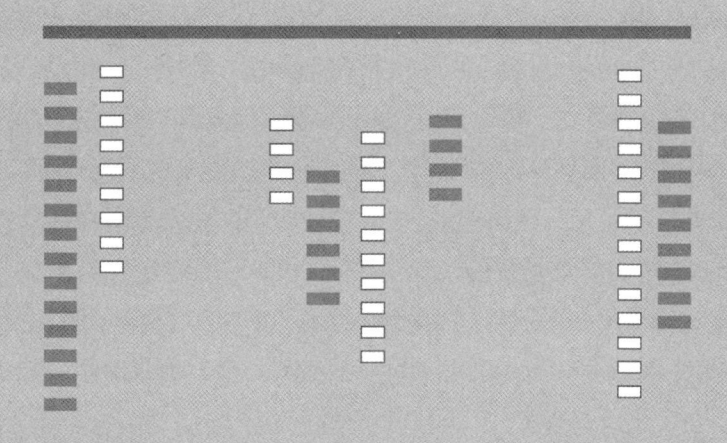

第七章　经营合伙人机制设计

机制的底层逻辑

经营本身是一场只有起点，没有终点的游戏。因为企业不增长，基本上就等于死亡。我们提出了一个企业增长的公式：增长＝未来战略 × 组织战斗力。寻找未来增长曲线的第一步是确定未来画像，接下来第二步是优化组织设计，第三步是组织合伙人设计，最后一步就是机制赋能。

激活这些组织合伙人的底层动力，靠的是机制赋能。根据我带团队 20 多年的经验，我发现一个人的业绩一定符合一个公式：业绩＝潜力 × 激励机制。

我们可以从行为学心理学上找到这个公式背后的逻辑。2009 年，斯坦福大学教授 B.J. 福格发表了一篇论文，论文中提出了一个福格行为模型，来探寻人类行为的发生机理。最后他得出的结论是，要让一个行为发生，必须同时具备三个要素：动机、能力和触发器。

当一个人有足够的动机，并且有能力做到，而且有触发器提醒的时候，一个行为才最终可能发生。这给了我们一个路径参考：要想让一个人行为发生改变，我们要做三件事情：一是提供动机，二是降低他做这件事情的难度，三是设计一个合适的触发器。

如果按照这个逻辑来考察组织合伙人，你可以看到：赋予其合伙人的身份，可以为他提供动机；"公司赋能＋持续学习"可以降低他达标的难度；最后这个触发器是机制，一套能驾驭人性的机制。

时代在变化，但人性是不变的。经营企业的本质就是经营人。而经营人靠的不是对具体个人的经营，而是对人性的经营。而能够驾驭人性的是机制。

好的机制可以塑造人才，最大化地激发出人的潜能。这不是痴人说梦，在我们辅导企业把机制定好了以后，经常有合伙人会说目标低了。当老板要求 50% 增长的时候，员工甚至会告诉老板，我们需要 100% 的增长。

那么，怎样设计机制才能达到这样的效果呢？最经典的理论是马斯洛的心理需求层次论。机制设计至少要递进式地满足以下五层人性需求。

第一层需求：生理需求

一个员工的背后就是一个家庭。既然员工选择了你的企业，那老板就有义务解决员工最底层的物质需求，满足他们衣食住行等基本的物质需求。

这个物质需求讲得更直白一些，就是钱。企业家要通过机制设计，让有企图心的人拥有高收入，是机制要解决的基本问题。

第二层需求：安全需求

物质激励是必要的基础，但它不能解决激励的根本问题。美国行为科学家弗雷德里克·赫茨伯格说，金钱根本不是激励要素，而是保健因素。简言之，物质激励能够消除不满意，但是不能激发人的积极性。

为什么有的企业收入还不错，但是员工仍然要离开？因为员工内心渴望的安全需求没有被满足，他在这家企业里面没有安全感。如果员工看不到企业有清晰量化的目标，看不到企业持续增长的前景，看不到自己的成长空间，那么员工就会觉得待在这家公司是没有未来的，这背后其实就是安全感的缺失。

第三层需求：爱与归属的需求

如何能够让员工有归属感？老板必须让员工感受到，企业的事业与我有关。只有员工参与这个事业，才会爱这份事业，才会有归属感，否则他的心定不下来。

第四层需求：尊重的需求

过去我们每服务一家企业，都会给总监级以上的管理层开一个沟通会。在这个沟通会上，我们会让所有人做无记名投票，题目是：如果明年公司的业绩增长达到50%，你希望老板如何激励你？在整个过程中我们采样了1 000名以上的管理者。

最后的统计结果让我们大吃一惊。占比最高的答案不是高收入，而是老板的信任。什么代表老板的信任？当老板把权力授予他们时，这些管理者才能真正感受到信任。这些总监级别以上的管理者已经解决了基本的生存需求，他们最想要的不是钱，而是老板的信任，因为信任才是对一个人最大的尊重。

第五层需求：自我实现的需求

什么样的企业能满足人才自我实现的需求？一言以蔽之，老板的梦想要比员工的梦想大。

在接触企业的过程中，我们验证了一个规律：凡是小富即安的老板，手下一定不会有高手，因为水涨船高，高手内心十分清楚：如果老板的梦想不大，那么企业的未来一眼能看到头，员工不会有晋升通道，收入也没有上升空间。

所以，我们在设计机制时一定要顺应人性的五层需求。当企业把员工变成合伙人的时候，这个身份本身就是一种激励，不仅代表着更高的收入，也代表信任和尊重，更代表一个自我实现的机会。

接下来，我们将通过案例解读的方式，拆解不同的组织合伙人机制应该如何来设计。

收入的结构性设计

合伙人机制设计的核心，是要解决利益分配的问题。尤其是不同类型的组织合伙人，利益到底怎么来分呢？真正的企业家洞彻"已所欲，人之所欲"这个真理，所以任正非反复强调，钱分好了，管理的一大半问题就解决了。很多企业的员工之所以没有积极性，就在于分钱的逻辑不对。

　　大部分传统企业给员工分钱的逻辑是底薪加绩效提成，甚至有些企业只有底薪，年底如果企业现金流比较充沛，企业会再给员工发个红包。如果一些员工今年表现比较好，老板会在底薪或绩效上做一个比例的浮动，譬如底薪增加15%，或绩效多给20%。

　　这样做带来的结果是，上调员工的底薪或绩效给企业带来了一定的支付压力。公司业绩增长了，还足以覆盖涨薪的幅度；如果企业有微增长甚至零增长，那就是雪上加霜。尤其是今年春节遭遇新冠肺炎疫情，许多转型合伙人制的企业在对抗疫情时展现出明显的优势：不仅企业的支付压力更小，并且合伙人机制也展现出巨大的生命力，身份的改变使得企业不再是老板一个人想出路，而是所有组织合伙人一起想办法共渡难关。

　　反过来再从员工的角度看，公司在原来的收入结构里做微调是有天花板的。因为公司本身不增长，那收入增长的额度是有限的。如果把公司整盘收入比喻为一个饼，只有大家聚在一起，思考怎么一起把饼做大，再来分配做大的部分，才有更大的想象空间。所以，收入的设计需要换一种思路，只有先把饼做大，然后根据不同合伙人的价值贡献，来设计匹配的收入结构。

　　譬如，经营合伙人的收入结构可以是：收入＝底薪＋提成＋增量分红，因为经营合伙人承担了增长的责任，那么企业家就要与他们分享增量部分的利润；而内部投资合伙人已经成为二级公司的股东，因此，他们的收入结构可以是：收入＝底薪＋提成＋增量分红＋投资分红；事业合伙人拥有公司顶层股权，作为真正的顶层股东，他们的收入结构可以是：收入＝底薪＋提成＋年底分红+股权增值溢价（如表 7-1 所示）。

表 7-1 三类合伙人的权力、荣誉与财富

类别	经营合伙人	投资合伙人	事业合伙人
权力	决策权	项目投资权、二级公司股权	按照职位分配部分准上市公司所有权
荣誉	最佳员工	老板、创业者、后备总经理	准上市公司股东、公司标杆员工
财富	底薪+提成+增量分红（差额分红）	底薪+提成+增量分红+投资分红（二级公司股权分红）	底薪+提成+年底分红+股权增值溢价

总之，企业家通过对收入的结构性设计，可以激活组织合伙人10倍的潜能，一起推动公司发展。

经营合伙人的增量差额分配

按照企业的战略需求，我们先分析经营合伙人的收入结构设计思路。

企业家要坚守一个基本原则：增量差额分配。我们先要区分出业绩的存量与增量。

增量业绩＝今年总业绩−去年同期业绩

其中，去年的业绩为存量部分，超越去年的业绩部分为增量业绩，也就是多出来的那部分。既然经营合伙人需要对公司的增量业绩负责任，那么他们也应该参与增量业绩的分配。

举个例子，假设一家企业某分公司 2019 年收入 1 亿元，净利润为 800 万元，那么这家分公司总经理的收入是 150 万元，计算公式为：收入＝底薪 30 万元＋绩效提成 800 万元 ×15%。2020年这位分公司总经理转型为经营合伙人，带领分公司实现 50% 的

增长率，做到了收入 1.5 亿元，净利润 1 500 万元。那么，增量业绩提成可以做如下设计（如图 7-1 所示）。

- 业绩在 800 万元以内的部分，按照去年的惯例 15% 来提成；
- 业绩在 800 万~1 000 万元的部分，按照超过部分的 18% 来提成；
- 业绩在 1 000 万~1 500 万元之间，按照超过部分的 20% 来提成；

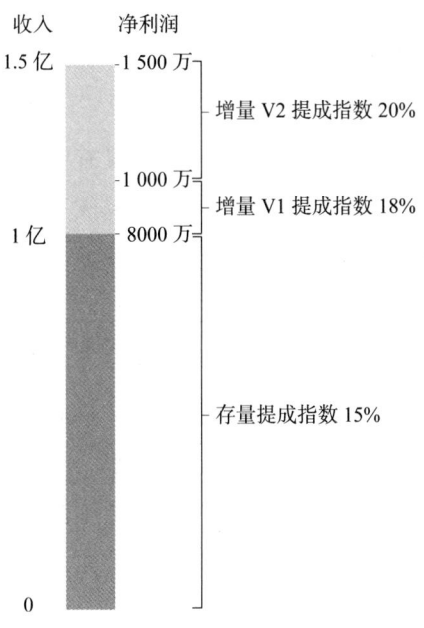

图 7-1　经营合伙人的增量差额分配逻辑

如图 7-1，增量分配中最核心的一个逻辑是差额，而不是等额。因为只有差额部分的超额提成 20%，才能激励高手，哪怕这样的高手全公司只有一个。所有的激励都是为了扶持榜样，只要有一个人实现目标，榜样的示范效应就达到了。所以，企业家和管理者永远不要低估员工，因为员工只会和员工比，我们把这个过程叫作"发动员工教育员工"。在一群有企图心的员工面前，扶持一个标杆起来，当这个标杆拿到了令人羡慕的回报，明年水涨船高，标杆有动力干得更好；而没拿到这部分奖励的人，明年就一定会想方设法争取奖励。

如此一来，整个组织就会越来越往前走，呈现出一个螺旋上升的状态。

由于企业给员工分配的是企业的增量利润，所以企业不会因涨薪而有负担，反而会发展得越来越好。员工收入越高，企业也赚得越多。

在辅导企业的过程中，我们甚至建议有些企业要降低存量部分的提成。譬如，去年企业存量部分的提成是15%，考虑到今年成本上涨等因素，那么存量部分提成应该降至12%，800万~1 000万元的区间降低到15%。但是，超额部分的提成还是20%。

这个增量提成的规则不是定好了就一劳永逸，经营者每年都应该按照三算一对的算法模型调整自己的机制。随着成本的上涨和员工需求的提升，经营者必须一年一变，一步一步提高基准线，让业绩低的员工分得更少，让业绩高的员工分得更多。只有扩大收入差距，让奋斗者得到更多的回报，企业才能吸引更多员工成为奋斗者。

近期我们刚刚辅导完一家大客户销售型企业，这家企业在各地开了多家分公司，在辅导这家企业做经营合伙人过程中，我们和管理层共同商讨，为分公司总经理设计了一套经营合伙人机制。

以这家企业的某家分公司为例,他们制定了 2020 年的 3 个销售目标:

- 保底目标:800 万元
- 必达目标:1 000 万元
- 挑战目标:1 200 万元

在这三个目标之下,其实还有一个隐藏的数据节点,就是盈亏平衡点。经过测算,这家分公司盈亏平衡点在 500 万元。也就是说,如果这家分公司今年的营收低于 500 万元,那么分公司就是亏损的。

接下来,我们把这 4 个数据作为节点,制作出不同阶段的 5 种分配方案(如图 7-2 所示)。

- 分公司收入 ≤ 500 万元,公司亏损,分公司总经理没有任何提成,只有底薪,收入为 A;
- 500 万元 < 分公司收入 ≤ 800 万元,提成方案为 B,B= 实际销售收入 × 分红系数 0.5%,分公司总经理收入 =A+B;
- 800 万元 < 分公司收入 ≤ 1 000 万元,超过保底目标部分的团队提成方案为 C,C=(实际销售收入-800 万)× 净利润率 20% × 分红系数 15%,最终团队奖金包中,分公司总经理分配 12%,其他员工分配 3%。此时,分公司总经理收入 =A+B+C;
- 假设分公司收入 1 000 万元 < 分公司收入 ≤ 1 200 万元,

此时超过必达目标部分的团队提成方案为 D，D=（实际销售收入-1 000 万）× 净利润率 20%× 分红系数 30%，最终团队奖金包中，分公司总经理分配 22%，其他成员分配 8%，最终，分公司总经理收入 =A+B+C+D；

- 当分公司销售收入＞1 200 万元时，超过挑战目标的业绩提成方案为 E，E=（实际销售收入-1 200 万）× 净利润率 20%× 分红系数 50%，其中分公司总经理分配 40%，其他成员分配 10%，最终，分公司总经理收入 =A+B+C+D+E。

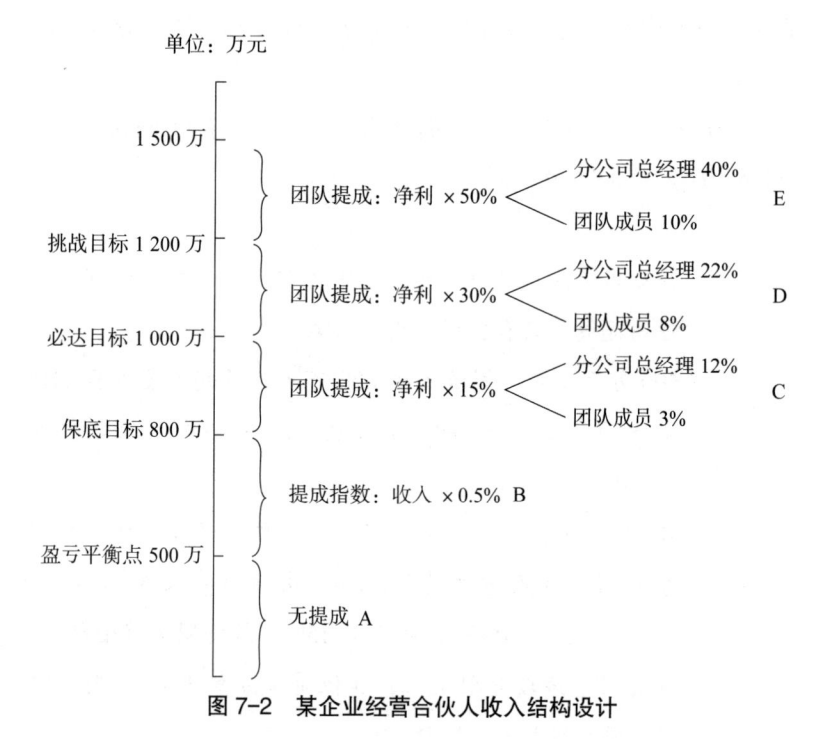

单位：万元

```
                                              分公司总经理 40%
1 500 万  ┐  团队提成：净利 ×50%  <                         E
          │                                   团队成员 10%
挑战目标 1 200 万  ┤
          │                                   分公司总经理 22%
          │  团队提成：净利 ×30%  <                         D
必达目标 1 000 万  ┤                              团队成员 8%
          │
          │                                   分公司总经理 12%
          │  团队提成：净利 ×15%  <                         C
保底目标 800 万  ┤                               团队成员 3%
          │
          │  提成指数：收入 ×0.5%  B
          │
盈亏平衡点 500 万  ┤
          │  无提成 A
```

图 7-2　某企业经营合伙人收入结构设计

最终，这家企业经营合伙人收入结构由 6 个部分构成。

（1）基本工资：职级、店级、工作年限等入职时的约定；
（2）社保供给：当地社保的政策要求；
（3）基本提成：业绩在盈亏平衡点和保底目标之间的收入提成；
（4）保底提成：达到保底目标后，享受的净利润提成；
（5）增量分红：保底目标到挑战目标之间的净利润分红；
（6）超额分红：挑战目标之上的部分，净利润大比例分成。

从这家分公司的收入设计逻辑中可以看到，根据分公司所达成的销售目标不同，我们设计的分红系数是逐步递增的：当分公司亏损时，经营合伙人提成为0，这就规避了许多企业自己没有赚到钱，但是分公司总经理却赚得盆满钵满的情况，这就是典型的机制设计不科学；当分公司业绩在盈亏平衡点之上，但是没有完成保底目标，我们选择按照收入给团队一个极低的提成；当这家分公司完成了保底目标，但是没有达成必达目标时，超出保底目标的部分，我们将净利润的15%分红给团队；当这家分公司完成必达目标时，我们将超额部分净利润的30%分配给团队；当这家分公司完成挑战目标时，我们会将超额部分净利润的50%分配给团队。整套机制设计的逻辑是要告诉分公司经理们，当你带领的分公司业绩越好，你的分红就越高，同时也保证了企业的收益也越高。

冰山之下的竞争力：平台的赋能系统

在与客户的接触过程中，我们发现许多老板在头脑中有一个误区：他们把合伙人制度当作解放老板的特效药。那么，是不是把经营的权力下放给这些经营合伙人，老板就能坐享其成了呢？答案是否定的。

如果组织合伙人制的落地如此容易，那么市面上就不会有那么多失败的案例。企业家把经营的权力下放给一线后，只是改变了管理的主题，并不意味着自己的任务就完成了：过去企业管理层对一线进行管控，而转型为组织合伙人制后，总部就要从管控转变为赋能。企业家要把公司打造成为一个创业平台，一个综合服务中心。

以近期服务的一家门店连锁型企业为例，当我们辅导他们做好经营合伙人机制设计的同时，也为他们设计了一套背后的赋能和支持系统。譬如，总部要做好市场推广的工作，通过自媒体和网红直播的方式做好品牌推广；总部要为门店打造好供应链系统，包括采购、物流和商品；总部还需要做好品牌管理、人才培养及输出等工作。否则，如果任由这些经营合伙人自生自灭，那么失败的概率肯定要远远大于成功的概率。

因此，组织合伙人制一定不是简单的机制改变，机制只能解决动力的问题，而真正要取得最终的成功，这些经营合伙人不仅需要动力，还需要能力，需要平台背后的一整套赋能系统。合伙人机制的设计一定不仅仅是机制设计这一件事情，而是牵一发而动全身的系统工程。在改变机制的同时，企业背后看不见的赋能系统，才是冰山之下真正的竞争力。这就要求企业家必须拥有系统思维，能够从上到下看到全貌，给出系统性的变革方案（如图7-3所示）。

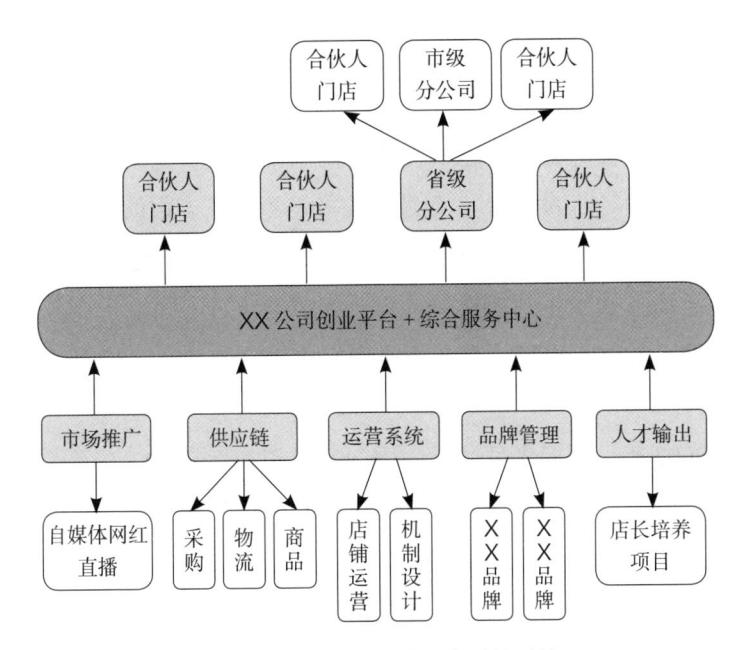

图 7-3 合伙人背后的平台赋能系统

当然，对于不同行业、不同规模、不同情况的企业来说，如何做经营合伙人的机制设计，并没有一套标准的模板。我们提供的是一个参考的大框架和大原则，具体到不同行业、不同企业、不同销售类型，还必须要企业家根据企业的情况进行针对性设计和调适，切不可生搬硬套，否则不但起不到效果，反而会伤害到自己。我们也是根据不同企业的属性和特质来一对一辅导，避免企业掉入"一看就会，一用就错"的陷阱。

接下来，我们为大家分享一个经过实践印证的标杆案例，希望通过这个案例的解读，能够为企业家发展经营合伙人提供一些参考和启示。

标杆案例解读：韩都衣舍的小组制

韩都衣舍的创始人赵迎光并不是一个服装行业的老兵。在成立韩都衣舍之前的 10 年，赵迎光主要从事外贸方面的工作，往来于山东与韩国之间。得益于这段特殊的职业经历，他目睹了韩国的电子商务从出生到成熟的过程。为了不错过中国电子商务的崛起，他开始试水电商，在各大电商平台销售化妆品，但最后以失败告终。

2007 年，赵迎光拜访了韩国一家日销售额超 100 万元人民币的知名网店，其社长分享了自己成功的 3 个秘诀：第一，在网上卖东西一定要做自己的品牌；第二，电子商务行业最热门的品类是女装；第三是女装款式只要做到种类尽量多、更新尽量快、性价比高，就一定能成功。

第二年，赵迎光带着这三个秘诀回国，创立了韩都衣舍，主要在淘宝网上做韩国服装代购。三个秘诀果然奏效，韩都衣舍越来越壮大。没过多久，赵迎光就已经招揽了 40 个买手，他们每人负责 25 个品牌，每天从中挑出 8 件新品。就这样，韩都衣舍每天上新 200 款新品。当时淘宝按刷新排序，韩都衣舍享受到了巨大的流量红利，迅速积累了大批客户。

虽然前台业务已经跑在对手的前面，但是韩都衣舍的后台却有两处硬伤：一是代购模式性价比低，而且经常断货，导致客户的购物体验很差；二是买手没有经营意识，只负责挑选新款，至于卖不卖得好，他们不太关心。

为了解决这两个硬伤，赵迎光做出了两个重大调整：一是从代购走向"代款"，买手在韩国品牌中选款，然后在国内生产销售，这一招不仅降低了成本，还控制了供应链；二是每个买手不再固定地盯自己手上的 25 个品牌，而是全部打散，相互竞争。[①]

然而这样一来，老问题解决了，新问题却又冒出来了：有了竞争以后，每个买手都只想上更多新款，无人关注库存和供应链的问题。为了打破掣肘，赵迎光大胆地做了第一次试验，给其中一个买手 2 万元，由他自行决定产品的生产量、颜色和尺码等，盈利以后，公司再与他分成。试验下来，买手的积极性是提升了，但是运营能力不足，要是两头都要顾，反而哪个都做不好。于是，赵迎光又开始这套机制上打补丁，给买手配置了视觉设计人员和运营人员，这就是买手小组的雏形。

几个月以后，这种"小组+分成"的机制效果显现出来了，整个买手小组的积极性有了明显提升，不仅挑选了最时尚的款式，还找到了靠谱的代工厂，库存周转也快了起来。

尝到甜头的赵迎光开始考虑在内部扩大试验，在公司内部设计了两套组织架构：一套保留传统服装公司的架构，将设计部、视觉团队和运营团队分开；另一套系统是从这 3 个部门各抽调 1 人，成立 1 个小组，一共成立了 10 个小组。

三个月后胜负已分，传统架构被彻底停用，公司开始全面实行小组制。到了 2011 年，韩都衣舍已经有了 70 个小组。小组多了起来，又带来一个棘手的问题：公司内部的推广资源该如何分配？譬如，店铺的首页位置有限，到底放哪个小组的产品呢？

为了解决内部资源分配问题，赵迎光干脆尝试将更多经营决策权下放给各小组。除了款式、定价、生产量等由小组自行决定，

[①] 参考《韩都模式》，易鸣等著，人民邮电出版社，2019。

财权也完全放开，每个小组独立核算、自负盈亏，不仅员工的收入和销售业绩是挂钩的，甚至连每个小组可支配的现金流也与销售业绩挂钩。成立6个月以上的成熟小组，本月资金额度是上个月销售额的70%。

假设某小组上个月有1 000万元的收入，那么这个月就有了700万元去下新的订单、做营销推广。销量越多的小组，可以支配的资源就越多。以内部推广资源为例，一旦小组成立6个月以上，就必须以市场化方式解决——竞拍。当然，为了扶持新成立的小组，店铺的首页会拿出专门的位置给6个月以内的小组，谁抢到归谁。

最后，小组提成根据毛利率或资金周转率来计算，因此，对于每个款式，每个小组都可以自主决定促销政策，以保证毛利率和资金周转率。公司每个月会对各个品类的小组进行竞争排名，前三名会得到奖励，后三名的会被打散重组。

到了2013年，韩都衣舍的小组已经超过200个，覆盖了7个品牌，每年上新约2万款产品，这时候，新的挑战又来了：供应链反应迟滞，库存问题依然没有解决。

为了解决服装行业这个"老大难"问题，韩都衣舍从售罄率入手，倒逼各个链条进行单款产品的生命周期管理，首创了单品全流程运营体系。

单品全流程运营体系就是指，一款衣服从设计到销售都有专人维护。每个小组每月需要管理七八款衣服的价格、促销资源、打折时间和力度等。管理要细化到每一件衣服的全生命周期。

在韩都衣舍，所有产品都分为爆、旺、平、滞4个状态。为了控制库存，韩都衣舍采取多次小批量小单的原则，能卖到2 000

件以上的产品就可以被称为爆款，爆款和旺款可以返单，平款和滞款必须在旺销时段促销，稍一打折就能卖出，等到了季末，库存自然就很少。这种单品管理模式让韩都衣舍售罄率达到95%，远远超越了行业平均水平——50%。

为什么韩都衣舍能在短短6年内从130万元的规模发展到15亿元？我们可以从赵迎光的决策思路里找到答案。

2011年，赵迎光拿到美国国际数据集团（IDG）的1 000万美元投资，其他同行在拿到投资后都会在渠道和营销上下功夫：开店、打广告。唯独赵迎光不同，他把这笔钱都花在找人上。

赵迎光先找了6个合伙人，这6个人既没做过服装，也不是从事互联网行业的人。他找合伙人的标准只有一个，情商要高。这源于他对经营的理解与常人不同，他认为，一家企业对于人性、管理和激发员工潜力的研究更重要。紧接着他储备了大量服装设计行业的应届毕业生，公司很快从400人激增至1 100人，为小组制打下了基础。

用赵迎光自己的话说，从创业一开始，他就在探索小组制。小组制的本质，其实就是发展经营合伙人。我们不妨从经营合伙人的角度来观察韩都衣舍对于责、权、利的分配方式。

- 责：确定销售任务指标，包括销售额、毛利率、库存周转；
- 权：包括业务决策权和用人决策权。业务决策权，包括确定产品的款式、尺寸、数量、价格、促销政策和库存；用人决策，包括人才可以自由组合，组长自行决定提成的分配方式；

- 利：根据各个小组的毛利润以及库存周转率计算提成。小组内提成分配，由组长决定，报分管经理和总经理批准。

业绩提成计算公式为：业绩提成=（销售额-费用）× 毛利率 × 提成 × 库存周转系数（销售额完成率）

定好责、权、利以后，为了保持小组的活力，每个月公司要对每个品类进行排名和自动更新。对于业绩排名前三名的小组，公司会奖励特别额度；而业绩排名后三名的小组，就会被解散，重新分组。当然，新成立的小组必须向原来小组贡献奖金的10%作为培养费。部门主管的考核项目中，部门销售额占50%，新成立小组的成长速度占50%。

这个机制设计的杀伤力在于，小组本身就是一个业务单元，公司把经营权下放给了小组，从选款到经营，卖什么产品、生产量、定价、折扣等所有关于业务的决策，都交给小组来决定。所以，小组实际上承担了增长的责任。成熟的小组除了给总部交30%的管理费，剩下的钱可以自由支配。

小组要给总部交管理费，是因为总部为各小组提供了中台和后台支持，包括代理成本、技术支持、人才招聘、财务支持等，这些职能部门都是标准部门，由总部统一管理。

剩下的70%就是每个小组真正的收入了。收入再减去运营成本，包括人员工资、采购成本、推广成本，就是小组的毛利率，毛利率还要乘以动销率，再乘以提成系数，这就是小组最终的团队提成。

如何分配小组提成呢？假设三个人来分成，由于组员可以自由选择小组，所以组长也不敢拿得太多，一般是组长拿40%，两个组员各拿30%。但是，没有人不想当将军，即使组员拿了30%，他也不会知足。当他能力够的时候，他会自动离开原有小组，组建新的小组。

对于那些落后小组来说，一般组长就不好意思拿提成，把利润全部分给组员，但即便是这样，组员也不会开心，他们会离开经营能力不足的组长，投奔经营能力更强的组长。

因此，基于人性，团队会自动进行更新，淘汰那些落后的小组，复制优秀的小组，淘汰问题和团队复制就解决了。流水不腐，户枢不蠹。小组制让组织活力变强，你追我赶，不断拉升业绩额度，过去一个小组收入最多几百万元，后来大一点的小组销售额甚至可以破亿元。

2017年，长江商学院邀请赵迎光师兄给我们100多位校友分享了韩都衣舍的小组制。那个时候，他已经开始规划二级生态圈了。除了代理韩国服装，韩都衣舍开始投资独立设计师品牌，这些独立设计师有设计能力，但缺乏运营能力，而运营能力正是韩都衣舍的强项。其实，这代表韩都衣舍已经在发展投资合伙人，通过自己强大的运营能力，来嫁接独立设计师的设计能力，共同孵化新品牌。

2015年，当我们集团挂牌新三板之时，韩都衣舍也挂牌新三板，当时韩都衣舍的利润还是负数。挂牌1年后，韩都衣舍的利润就冲到了3 000多万元，第二年税后净利润8 000多万元。

正是以赋能员工代替管理，把员工升级为经营合伙人来推动增量，给韩都衣舍带来了100%以上的净利润增长。

第八章　投资合伙人机制设计

在我们集团服务的客户当中，服装、餐饮、零食行业的企业大多属于典型的连锁型企业，这些企业商业模式成熟以后，普遍面临企业扩张和复制的难题。

要想顺利实现企业的快速扩张，解决企业在这一阶段的痛点，经营者必须发展投资合伙人来匹配战略需要。从根本上说，门店或分公司的复制，背后是人才的复制。经营者要通过科学的机制设计，一方面发展外部投资合伙人，快速整合扩张所需要的资源；另一方面，对内发展内部合伙人，培养有自驱动的人才，让他们能够自动自发地把分公司或者分店做好，真正做到离开了老板，企业也能够健康地成长。

相较而言，企业的外部投资合伙人操作起来比较简单。如果企业的商业模式已经成熟，管理模式也有了复制力，那么接下来，企业可以通过外部投资合伙人实现裂变式扩张。在这一点上，名创优品给我们做了一个很好的示范。

外部投资合伙人模式

名创优品是我们的老客户。2019年下半年，名创优品官方披露了一组数据：截至2019年8月，名创优品已在全球进驻超过86个国家和地区（签约数破90个），开店3 800多家，与全球优质工厂合作超3 000家，其中参股工厂超300家。令人难以置信的是，这不过是一家创业短短六七年的新品牌交出来的成绩单。

名创优品快速扩张的秘诀就藏在名创优品的类直营模式中。[①] 类直营是从渠道特征的角度来定义的，如果从合伙人的角度来定义，名创优品的商业模式就是标准的外部投资合伙人模式。接下来，我们就带大家来拆解这个机制背后的逻辑。

名创优品是叶国富的二次创业项目，在此之前，他曾经创立了红极一时的"哎呀呀"饰品。"哎呀呀"属于零售行业，对于零售行业来说，规模至关重要。因此，在品牌成熟以后，扩张是企业的必然选择。由于纯直营的商业模式对资金需求很大，所以第一次创业的叶国富选择了加盟模式。不可否认的是，加盟模式确实帮助哎呀呀实现了快速扩张，但随之而来的，是公司对加盟商的控制力度不足。加盟商除了从公司采购第一批货，以后的进货数量和进货时间全部是由加盟商自己说了算。即使公司想推新品，也要经过加盟商的同意。

有了哎呀呀的前车之鉴，在经营名创优品时，叶国富升级了

---

① 参考《名创优品没有秘密》，杜博奇著，中信出版集团，2016.

渠道扩张的方式，采用了类直营模式。简单来说，类直营就是把店铺的投资权和经营权进行分离，加盟商拥有投资权，而名创优品拥有经营权。

对于渠道升级的缘由，叶国富讲得很清楚："过去层层代理、层层加盟的时代已经过去了，因为渠道越长，效率越低，成本越高。你看宜家、优衣库没有一个加盟店，没有一个代理商，全部是公司直接开店。名创优品在全国也没有一家加盟店，都是直营店，产品直接从工厂到店铺，没有任何中间环节，因此渠道极度短、效率极度高、价格极度低，这些加盟商只是店铺的投资人而已。"

于是，名创优品升级了自己的打法：既然名创优品的优势是品牌运营和店铺管理，而加盟商最大的优势是人脉关系，可以在当地拿到最好地段的店铺。那么，能否让加盟商带着店铺来找名创优品，实现渠道共享呢？

从本质上讲，名创优品并没有加盟商，只有投资合伙人。而且，名创优品真正需要的稀缺资源不是投资人的钱，而是优质地段的店铺资源。

这些投资合伙人愿意与名创优品合作，是因为他们大多是实体店关店潮的受害者，商品模式老化，生意不赚钱。

我们曾经服务过一家名创优品的投资合伙人。这位企业家过去的业务是代理经营化妆品，他在一个我国南部的二线城市拥有十几家店铺，店铺地段非常好，但有些店赚钱，有些店不赚钱。后来，名创优品的渠道人员来找他，希望他加盟名创优品。一开始，他抱着试一试的心态，拿出了自家业绩最差的几家店铺与名创优品合作，没想到试水一年下来，这些店铺的收益比他自己经营的化妆品店还要高。因此，最后他决定，把所有的店铺都拿出来加盟名创优品。

我们不妨从责、权、利的角度来分析名创优品的外部投资人设计机制。

- 责：投资合伙人负责提供符合条件的店铺，名创优品将所有店铺分为4个级别。

  ① A+级：位于特大城市或旅游城市，特大步行街；

  ② A级：位于大型购物中心；

  ③ B级：位于大型商城综合体店；

  ④ C级：位于二类商圈、三类商圈。

  包含工商、税务、卫生、房租、店铺装修、水电在内的店铺事项，都交由投资合伙人负责；人员管理、账目、库存、采购、运货等全部由名创优品托管。与此同时，投资合伙人需缴纳品牌使用费15万元、货品保证金75万元，再加上装修费、店铺租金、人员工资、水电工商等，平均每家店需投入200万元左右。

- 权：投资合伙人拥有店铺的所有权和分红权，但是没有经营权，店长直接向名创优品总部汇报。

- 利：投资合伙人所获的分利是前一天销售额的38%（食品除外，食品类的分成比例为33%），现款现结，第二天上午10点之前就能打到投资人的账户上。

在这套投资合伙人机制的保驾护航下，名创优品既整合了稀缺资源，又保证了店铺的精细化运营，大大提升了坪效。根据名创优品自己公开的数据，名创优品的 A+ 门店——北京王府井店面积 131 平方米，月营业额 260 万元，月坪效 2 万元，年坪效 20 万元，大大超过同行。

从 2015 年到 2018 年，名创优品的营业收入从 50 亿元增长到 170 亿元，这种高速增长与其独特的渠道策略是密不可分的。正如创始人叶国富所言："作为企业领导人，一定要想办法共享，能共享多少就共享多少。大家一定要记住，别的品牌是企业发展最快的模式，不要从头做起，一个一个店去找，那是最慢的模式。"

实践案例分享：一家连锁企业的快速扩张策略

2019 年，我们服务了一家高端食品连锁企业，这家企业已经做到了区域第一品牌，在全省范围内开了 400 多家店，年营收规模在十几亿元。这家企业老板的诉求很明确，就是想让我们帮助企业实现跨区域扩张，从全省扩张到全国。

这家企业要想扩张，需要经营型店长和好的店铺资源。经营型店长这家企业已经培养了一些，当前最缺的资源其实是优质地段门店。

我们调查后发现，适合这家企业定位的店面大多集中在某个竞品的代理商手里。其中某些代理商干脆把铺面买下来了，也有些代理商与房东签了 5~10 年的长期合同。

面对这种情况，我们建议这家企业，把这些代理商变成自己的投资合伙人，为他们量身定制一套投资合伙人方案。

在实施这个方案之前，我们告诫老板不能马上在全国铺开，应该先挑选两个城市进行试点。这样做并不是因为方案本身有问题，而是担心这个方案交给不同的人执行，最终效果与预期的偏差会比较大。

经过多方调研和讨论，这家企业最终选择先布局两个省会城市：成都和郑州。

接下来，我们团队的专业律师辅导他们把企业做了两层结构，上层是总公司，下层是二级公司，也就是成都子公司和郑州子公司。在成都市场摸排了一圈，我们锁定了一家竞品品牌的省级代理商，由于他代理的品牌老化，门店业绩逐年下滑，因此也有意愿带着门店与这家后起之秀的品牌合作。在我们的建议下，这家企业和这位省代成立了一家二级销售公司，总公司占股60%，剩下40%股权给这位代理商。

经过双方多次磋商，大家就投资合伙人的责、权、利达成了共识：

- 责：公司负责提供品牌和产品，投资合伙人负责门店的优势位置；同时，投资合伙人可以将原门店店长推荐给公司，由总公司进行统一培训和管理；如果投资合伙人经营能力尚可，可出任子公司总经理；如果投资合伙人不愿意参与经营，由总公司选派子公司总经理。子公司总经理必须要达成如下业绩指标：单店业绩每年400万元，3年开30家新店，第3年收入达到1.2亿元；
- 权：总公司拥有60%的二级子公司股权，投资合伙人拥有40%的二级公司股权；
- 利：假设单店达成既定目标，投资合伙人享受40%的分红，公司享受60%的分红；如果超额完成目标，大股东会拿出分红的20%，奖励店长和小股东。

我们当时给这家二级子公司商定的目标是：单个品牌3年开30家新店，平均每年开10家店。按照这家企业的历史业绩，经营状况稍好一点的店面，单店可以做到400万~500万元销售额。如果一切顺利，这30家店可以贡献1.2亿元营收。

2018年是这家企业实施投资合伙人方案的第一年，据这家企业创始人反馈，他们已经在郑州市场成功谈下了10家店，短短几个月的时间，这10家店已经做到了3 000多万元的营收，算是踏出这家企业向外省扩张坚实的第一步。

如果你的企业商业模式已经成熟，管理体系也具有可复制性，但是缺资源、缺钱，就可以效仿这家企业，利用发展投资合伙人的方式整合外部资源。

企业家需要注意的是，如果需要发展的投资合伙人比较多，我们建议提前做好防火墙设计，尽量不要直接给投资合伙人股权，而是设计一个有限合伙公司作为二级公司的持股平台。

我建议大家这样做是因为，有限合伙公司与有限责任公司不同，它适用的法律体系不是《公司法》，而是《有限合伙法》。按照《有限合伙法》，公司内部有两类人：一种叫普通合伙人（GP），他们拥有公司的决策权，通常只有少量收益权；另一种是有限合伙人（LP），他们不参与公司的经营管理，没有决策权，只享有收益权。

在企业增加新的股东之前，企业家可以先成立一家有限合伙公司，把打算分出去的股权放入这家有限合伙公司。由总公司来做这家公司的普通合伙人，让新股东做这家公司的有限合伙人。

在这家有限合伙公司中,上市主体可以只占股 1%,余下 99% 的股权都可以分出去。

举个例子,如果企业家想要把公司 20% 的股权分给一个外部投资合伙人,那么可以与他共同成立一家有限合伙公司。在这家有限合伙公司里,外部投资合伙人是有限合伙人,享有 99% 的分红权,而上市主体是普通合伙人,只享有 1% 的分红权。但是,上市主体却享有 100% 的投票权。这样一来,上市主体公司就做到了分利不分权,企业家自己手里依然有 20% 的投票权。

具体来说,有五类资源股东适用于成立二级持股平台的方式(如图 8-1 所示)。

LP1 类:二级子公司的经营团队,包括总经理、店长、储备店长和销售冠军等;

LP2 类:集团总部的投资池,包括高管、元老、非营销线核心主管等;

LP3 类:产业链上下游资源股东,包括拥有知识产权、供应链等稀缺资源的资源股东;

LP4 类:下游资源股东,包括有行业关系资源或大客户来源的资源股东;

LP5 类:财务投资人,主要提供资金支持,这类投资人也可以溢价进入。

在企业吸纳投资合伙人的过程中,企业家可以按照企业的实际需求,来选择吸纳哪些资源股东作为投资合伙人。

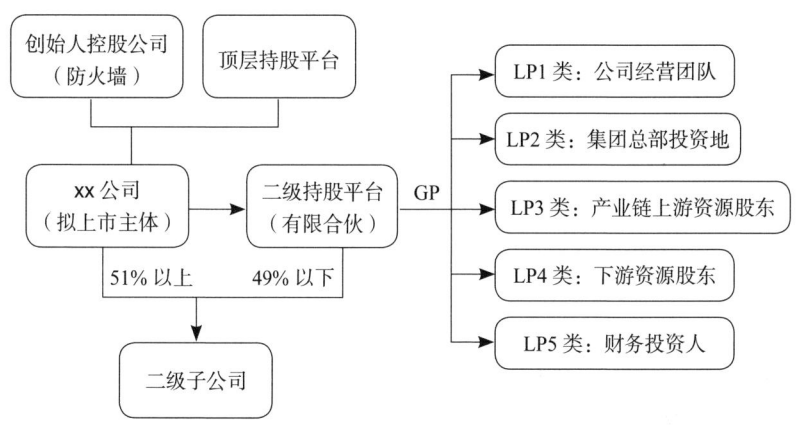

图 8-1　二级子公司的防火墙设计

内部投资合伙人模式

我们集团的客户大多是连锁型企业。对于这些连锁型企业来说，扩张过程中最难的环节就是管理人才的复制问题。许多企业会采取师徒制来解决这个问题，但俗话说：教会徒弟，饿死师父。

如何打破这个魔咒是我们一直在研究的问题。在复盘了诸多优秀连锁企业的实践案例后，最后我们从海底捞、喜家德、百果园、西贝等成功企业的做法中总结出，它们的管理者解决这个问题的思路都如出一辙，那就是做机制设计。

海底捞：千万店长的诞生

其实，海底捞在发展到50家店的时候，也曾遭到过人才瓶颈，创始人张勇为这个问题而苦恼。如果选择外部空降，这些空降的管理者毕竟不是企业自己培养出来的，难免会出现水土不服的问题；如果单纯依靠内部晋升，晋升的店长的能力又常常达不到预期。面对这种进退两难的局面，海底捞该怎么办呢？这让张勇颇费了一番脑筋。

2018年9月，海底捞在中国香港上市，在上市发布会现场，海底捞CEO杨丽娟女士对现场所有人宣布："截至2018年9月，我们已经有400名优秀的储备店长，已经选址了175家店铺。"话音未落，海底捞的股票被迅速抢购一空，在香港上市后，海底捞的市值冲破千亿港元。

我们从海底捞的上市招股书中可以看到，海底捞找到了一种"利他主义"的利润分享机制。招股书所披露的店长薪酬机制如下：任何一个海底捞的店长，可以获得以下两种薪酬方案中的较高者。

- 选项A 薪酬 = 底薪 + 其管理餐厅利润的2.8%；
- 选项B 薪酬 = 底薪 + 其管理餐厅利润的0.4% + 其徒弟管理餐厅利润的3.1% + 其徒孙管理餐厅利润的1.5%。

大家一眼就能看出，如果师父能成功复制出徒子徒孙店，薪酬B应该远远高于薪酬A。然而，在海底捞，只有A级店的店长才有资格当师父，每个师父可以选择5~12个徒弟。不难想象，A级店的店长一定会选择薪酬B，这也意味着店长收入更多来自徒子徒孙店的利润分成。所以，店长在收徒时，首先会瞄准未来可以开店的好苗子。在师父带徒弟的过程中，一定会倾囊相授，让徒弟快速出师，尽早出去开店。因为只有徒弟出去开店，并且徒弟管理的门店达到A级水平，徒弟才有资格自己收徒。

这个机制完美地诠释了一句话——利他才是真正的利己。时至今日，海底捞的店长中，年薪超过几百万元的已经有数十名，其中甚至不乏千万年薪的店长，这些年薪千万的店长的主要薪酬不是工资，而是复制店长所得的红利。

喜家德的 358 合伙人模式

而另一家餐饮企业的店长复制比海底捞更往前走了一步，让店长真正成为企业的内部投资合伙人，这家企业就是喜家德。仅仅凭借 5 款水饺，喜家德就在全国开了 500 多家门店。

他们的核心机制是 358 合伙人模式：

- 3：所有店长的业绩考核排名达到一定名次，就可以拿到 3% 的干股，这笔钱不需要投资，是送给优秀店长的；
- 5：如果店长培养了新店长，只要符合公司考评标准，原店长就可以升为小区经理，可以在新店入股 5%；
- 8：如果一名店长培养了 5 名店长，就可以成为区域经理，在新店中投资入股 8%；
- 在此基础之上，如果店长成长为片区经理，负责选址经营，就可以在新店入股 20%。

这就是喜家德独特的 358 模式，通过机制设计，喜家德将晋升、收入与人才复制打通，从源头上解决了师父带徒弟的积极性问题。

今天喜家德已经拥有 580 家门店，并且利用合伙人机制成功突破了阻碍餐饮连锁企业扩张的人才瓶颈。在这个分利机制下，今天喜家德年收入过千万元的合伙人已经超过 3 人，员工因此干劲儿十足，收入也是水涨船高。而对于喜家德而言，部分门店每天每百平方米坪效高达 10 000 元，这也许就是最好的答案。

西贝莜面村：创业分部 + 赛道制

2009 年，西贝莜面村还只是一个拥有 20 多家店，营收不到 5 亿元的餐饮品牌，仅仅 10 年时间，今天的西贝已经成为仅次于海底捞的中国第二大餐饮企业，其 2019 年的营业额超过了 62 亿元。

中国餐饮市场的总体规模达 4 万亿元，巨大的市场容量背后是另一番景象，用"尸骨累累"这个词来形容并不为过。《中国餐饮报告 2018》披露了一个令人震撼的数据：中国餐厅以每年 70% 的比例在洗牌。

在这冰火两重天的行业环境下，西贝为何能迅速成长为仅次于海底捞的行业第二呢？

当然，一家企业的成功一定是多重因素综合作用的结果。在这里，我们仅仅从投资合伙人制的角度来分析，西贝是如何通过机制设计，来激发一线员工的活力，助推西贝完成快速扩张的。

在餐饮界甚至企业界，西贝的创始人贾国龙爱才是人尽皆知的事。作为我们早年间的老客户，西贝每年都会输送大批人才来参加培训。在《西贝的服务员为什么总爱笑》一书中，作者提到，2017 年西贝的员工学习费用高达 1 亿元，超过西贝当年营收的 2%。贾国龙对于人才培养之用心，可见一斑。

贾国龙曾经说过，西贝的产品不是牛大骨、面筋、莜面，而是人。基于这个认知，西贝采用一套独创的"创业分部 + 赛场制"的内部合伙人机制来激发员工的自驱力。

西贝没有按照传统企业的逻辑，以华北、华南等地域来分区，而是以"合伙人"为中心划分区域。西贝一共分为 15 个创业分部，每个分部就是一个独立的经营单元。每个经营单元以总经理为核心，也以总经理的名字命名，如赫赫有名的王龙龙分部、李凤龙分部都是西贝非常优秀的分部。与此同时，西贝的每一个创业团队都是西贝的内部合伙人，拥有分红权。

这样划分区域，体现的是西贝的竞争文化，整个西贝就是一个大赛场。传统餐饮企业按照地域来划分，区域内部通常缺少良性竞争。而西贝在同一个区域可以有两个分部进行竞争。譬如，一个创业分部已经在上海开拓业务了，但是另一个创业分部只要有总部颁发的"经营牌照"，也可以申请去上海开拓市场。当然，总部要协调好两个分部的选址，确保二者之间不要"骨肉相残"。

西贝总部颁发"经营牌照"，其实就是开放店面的投资权。总部出资60%，同时开放40%的投资权给内部创业团队。

经营牌照该如何获取呢？公司会以季度为单位对各店面进行"全国大排名"，每家店按利润、顾客评价、门店环境和菜单创新等指标进行考核。考核分为A+、A、B、C四个级别，1个A+等于2个A，4个A可以换一张经营牌照。所以，一个分部获得的A越多，他们可以开的新店就越多，团队也会越来越壮大。现在西贝最大的一个创业团队的年营收已经超过了10亿元。

更重要的是，这些经营牌照并不是永久有效的，每月考核排名后30%的店面，将会被收回经营牌照和股权，创业团队会被重新打散，加入其他团队。正因为这种严酷的淘汰机制，西贝才能控制住各分店的品质。

接下来，收回来的牌照会被发给那些排名前30%的创业团队，这些团队的领导者可以把牌照给他的副手，派他的副手去另一个城市开疆拓土。更有意思的是，副手也可以选择留在原来的城市，和自己内部的团队展开竞争。这种竞争其实就是在倒逼所有分店必须要不断提高自己的经营能力,否则就会失去自己的投资权。

那么,这些内部合伙人的利益该如何分配呢?

在开店的前三个月"实习期",为了保证创业团队存活率,西贝总部会承担所有的资金成本,分店不需要上缴利润。3个月的生存期过后,分店需要上缴60%的利润给总部,剩下40%的利润由创业团队自由支配,这种多劳者多得,从根本上激发了员工的动力,抑制了人的惰性。

正是由于西贝采用了分红模式,使得西贝一线员工的收入比同行多了50%~100%。而年收入在1 000万元以上的分部总经理并不鲜见,甚至连支部经理的年收入都能达到60万元。对于这些从一线服务员做起来的管理者,这绝对算是一笔不小的收入。

为了防止管理层成为食利阶层,贾国龙建议所有年收入超过1 000万元的合伙人,将超出部分的50%拿来激励团队中的奋斗者,因为"老板越往下分利,对人越信任,员工干得就越好,老板的成就感也就越大"。

当然,总部也并不是坐享其成,创业分部负责在前线打仗,总部则负责后台赋能,包括开发系统、硬件设施、打通供应链、采购、门店开发、制定培训标准等。创业分部只需要自己招人,并按照总部给出的标准进行培训。

从2015年开始实施内部合伙人制至今,西贝已经发展了800多名合伙人,这些合伙人与老板共享公司的发展成果。贾国龙坦陈,自己深受华为创始人任正非的影响:"如果老板学不了任正非舍得分钱,企业学华为白学。"

也许大多数企业家不仅需要调整公司的机制,更需要放大自己的格局。只有让更多人分享企业的成果，企业才能越做越大。

实践案例分享：本土品牌如何应对行业巨头？

去年，我们服务了一家地产中介公司，这家公司在中部一个省会城市深耕了15年，是当地门店最多、规模最大的地产中介公司。这家公司的创始人来找我们做咨询有两个原因：一是源于企业升级的需求，二是为了应对竞争，激活团队潜能。

作为"一方诸侯"，这家公司之前的日子过得还比较滋润，但近年来该地区房价的飞涨引起了行业巨头的注意。2018年，全国几家头部房地产中介公司纷纷杀入当地市场，并发起了抢人大战，开出了底薪翻番的诱人条件，闹得这家公司内部人心浮动。

这些行业巨头有资本输血，自然有底气抢人，而这家企业没有融资，如果硬着头皮跟进，只能靠自己的现金流。显然，这个游戏一般企业玩不起。但是，如果这位老板坐以待毙，这家公司的市场份额就会被瓜分殆尽。

更糟糕的是，地产中介行业本来就存在员工流失率高的痼疾。资质稍好一些的员工，在铆足了劲儿干了三五年后，基本上都会辞职自立门户，因为这个行业门槛太低了。一般卖出一套房子的利润员工只能拿到35%，剩下65%归属于公司，员工内心当然会愤愤不平。而如果自己寻个门面，再招几个新人，自己就是老板了。所以，那些流失的员工基本不会从事其他行业，只会成为老东家的竞争对手。甚至有的离职员工就把新店开在他们对面，手上的客户也是从老东家手里带走的，员工也是从老东家挖走的。这样的事情屡屡发生，让这位老板非常焦虑。

一边是行业巨头烧钱抢人，一边是员工有点资历就想创业，再加上这两年招人还不容易，多重因素综合在一起，让这家企业陷入了四面楚歌的境地。老板意识到，要想摆脱这种困境，公司不得不进行变革。

我给老板的建议是，让员工成为公司的内部合伙人，过去这是一家经纪公司，现在公司要转型成一个经纪人的创业平台。

我提醒这位老板，变革的过程中不能操之过急，毕竟公司还有一些稳定的员工，不能一下子全改了，万一失败了怎么办呢？所以，改是要改，但一定要循序渐进。

我们商量以后，决定新旧两套机制并行运作，先找一部分人打个样板。

这位老板挑了一些本来就有异动、想要离职的员工聊了聊。他分别对那些员工说：我们现在要换新模式了，你先别走了，也别出去开店。因为自己出去开店的房租、人员都是成本。万一做好了，当然比打工好；万一做不好，可能就赔了。咱们出去的人做好的只有那么几个。现在我们换模式了，你可以在新品牌的平台上做合伙人。但是，你不用投资门店，可以用我的门店；也不用建技术平台，我的IT（信息技术）平台给你用。你唯一要做的一件事情是组建团队，然后和平台合作，平台为你赋能，让你卖出更多的房子，中介费都是你的，你只需交给平台管理费就行。

接下来，这位老板把整个业务链条拆开，原来经纪人卖房子还要自己办证，现在成为合伙人后就不用操心这些了，线下门店会为他们提供服务；平台上所有的房源还能与他们共享。这位老板提出了"共享平台、线下社交、无边界创业、智能数据"的新理念，解决了创业者资金、社交、数据支持、品牌发展等问题，现在合伙人只需要专注于服务客户，卖好房子就行了。

谈完以后，第一批有 3 个人愿意尝试一下新模式：一位是本来要离职出去开店的老员工，听完觉得有道理，可以先试一下，大不了失败以后再出去开店；一位是回流员工，离职开店后经营不善，打算回来试试新模式；最后一位是他们团队里面最年轻的 95 后小伙子，特别有上进心，想多赚钱。

定好人选以后，公司开始大力扶持这 3 个人，3 个月后，有一个人成功了，就是那位 95 后，他每月到手的收入是这家公司历史上最高工资的 3 倍。打样成功后，接下来公司趁热打铁，召开内部说明会。

老板自己都没有想到，自愿转换模式的员工竟然多达 70 余人。当这个新模式运行到第 9 个月的时候，公司已经基本安全过渡到新模式了。

2019 年年底，他们公司召开了合伙人年会，邀请我做开场嘉宾，我在现场做了一场演讲，主题是"和平台创业，遇到更好的自己"。我只着重讲了一件事：帮台下的这些年轻人算清楚，自己创业与和平台创业的风险和回报分别是什么。

我讲完以后，第一个成功的 95 后小伙子上台做分享。换了新模式后，他用 9 个月的时间赚了 50 万元。要知道，过去这家公司经纪人的最高年薪只有 20 万元左右。

这个小伙子说，自己从农村出来，学历低，虽然到处面试，但找不到其他工作，没办法只能做中介。但说句实话，连他自己都觉得做中介没前途，而且不被人尊重，甚至连父亲都对他不抱什么希望，觉得他这辈子就这样了。但是，短短 9 个月的时间，他彻底转变了自己的思维，激发了潜能，赚了 50 万元，回老家给父母盖了一栋房子，成了家族的骄傲。到今天，他觉得这份事业可以干一辈子。

这小伙子接着说，未来业绩一定会更高，因为在改机制后的前三个月，他是独自一人打拼，后面才开始组建团队，队伍很快壮大至40多位经纪人。

在这位小伙子之后，又有许多合伙人上台分享自己的变化和感悟。这些年轻人言语朴实，也没有演讲的功力，但是他们讲自己的故事，非常打动我。我不禁对身边的老板说："你真了不起，干了这件事情，至少给这些本来没有出路的年轻人一个成就事业的机会。"

转型以后，公司的老品牌可以和新品牌合作，老品牌负责地线下业务，新品牌负责线上业务，双方共同投资最好地段的店面，然后把这个店面租给新品牌，给所有合伙人作为共享办公室。我们做了一个测算，投资一个好地段的店面大约需要100万元，如果买下来租给新品牌，年化收益率大约为8%。

开完年会后，我还去参观了他们升级后的新门店，比过去提升了N个档次，经纪人也非常乐意带客户过去谈生意。将来这些店面也可以成为机制设计的一个关键部分。譬如，每个店开放30~40个人来投资。但是，这些人不是随意选择的，必须是销售冠军才可以投资。所以接下来，企业每个月都要进行业绩大比拼，谁贡献的业绩最多，谁发展的经纪人最多，谁就可以获得店面的投资权。这种竞技模式也可以激活整个组织。

从目前来看，机制的改变至少帮助这家企业解决了两个关键问题。一是人才流失的问题。今天即使竞争对手付双倍的工资，也抢不走这家公司的员工。因为这些人都已经变成了新品牌的合伙人，即使对手月薪翻番，和合伙人的收入也不在一个量级。目前他们样板已经打好了，单个团队月销售收入已经超过百万元。二是解决了人才复制的问题，这些内部投资合伙人会自觉地组建和发展团队，帮助这个平台吸引人才、复制人才、培养人才。如果能够把这个市场最优秀的经纪人都吸引到新品牌的平台上，这家公司将会成为名副其实的"一方霸主"。

第九章　事业合伙人机制设计

通关者最后的大奖

事业合伙人是经营这场游戏里最后的通关者，公司不仅应该给他们决策权，还应该向他们开放顶级公司的股权。一旦涉及股权，企业家在机制设计上就要尤为注意。因为股权就是公司的"政权"，这个问题不容小觑。

近几年，我们接了数百件关于股权的咨询案，很多企业家在企业刚刚成立的时候把股权当作白菜送了出去，到了企业真正需要用股权来激活员工的时候，总是少不了出现股东内耗，甚至企业易主的戏码，最后经营者从企业的棋手变成资本的棋子，甚至弃子。

这一切悲剧的根源，在于企业家没有看清楚公司股权的本质以及股权背后的权力与利益交错，所以，在进行事业合伙人的机制设计之前，经营者先要认清股权的本质。

在西方商业社会里，股权就等于注册资本。而在中国，对股权的解释是所有权。股是工具，权是权利。经营者从创办了公司的那一刻起，就拥有了这家公司所有的权力和责任。如果公司经营良好，经营者享受收益。相反，如果公司经营不善，经营者就必须背负债务。

从某种角度看，经营企业即经营股权。本质上，股权就是企业一项最特殊的商品，这个特殊商品有以下四个特性。

法定性：股权证＝结婚证

股权在工商局注册完成以后，其背后就是一套法律体系。因此，股权的第一性是法定性。我们可以做一个类比：股权证＝结婚证。当经营者给别人股权的时候，就相当于给了人家一本结婚证，这代表你们之间的关系是受法律保护的。

结婚容易，离婚难。因为离婚的时候需要双方分割财产。股权也一样，股和权如影随形，经营者把股权给出去很容易，但是，一旦发现这个人不适合"结婚"，不能"白头偕老"，再想把股权收回来，就会难上加难。

从我们的经验来看，在企业所有的官司中，股权官司是最难打赢的。即使再小的股东，也和经营者同股同权。在得到股权的那一刻，法律就已经在保护他了。十几年前，我曾经历过一场股权官司，当时我还在 TOM 户外传媒集团，集团收购了一家广告公司，收购完成以后才发现对方数据造假。于是，我们向法院提起诉讼，要求把股权还给对方，把收购款要回来。结果这场官司耗时好几年，最终我们还是输掉了。

近年来，企业界流行做股权激励。很多老板对此一知半解，以为股权激励就是把股权分给员工，最后踩中了一颗巨雷。如果在企业还小的时候，就拿股权当作吸引人才的筹码一通乱分，等真正把公司做大的时候，老板就会发现，股权根本收不回来。

稀缺性：切一块少一块

无论企业的注册资本金是100万元还是1亿元，它都是一张大饼，而且这个大饼是不可再生资源，切一块少一块。

很多企业股权之所以出问题，就是因为经营者没有考虑到未来，没有意识到：这个大饼今天一块块划出去了，是把权力切出去了。切着切着，一不小心经营者就失去了企业的控制权。

时间性：股权要穿越企业的全生命周期

经营企业不是经营三五年，而是要经营30年甚至100年。经营者甚至要考虑这个企业未来的传承问题。

曾经有位企业家给我打电话咨询："我拿出20%的股权来做股权激励够不够？"这家公司现在已经有3个股东了，他是大股东，占股比例是51%，他现在想从自己的51%中再拿出20%来分给员工。

我没有直接回答他，而是反问了他一个问题："这个企业要在你手上经营多少年？"

他今年刚好38岁，他告诉我："我至少还要再干12年，50岁时把企业传给孩子。"

我接着问他："那12年后，你打算把企业做到多大规模？"

189

他说:"现在企业规模是3亿元。我希望交给女儿的时候,能做到10亿元。"

我告诉他:"你打算从3亿元做到10亿元,现在你要拿出20%的股权来分,今天你认为这些管理层很重要。那当你的企业做到5亿元的时候,再进来的人重不重要?"

他说:"重要啊。"

我又问他:"那你这个饼还能分多少?同样,做到8亿元的时候进来的人重不重要?"

他一下子就醒悟过来了。

所以,经营者做股权决策时,一定要以企业的战略周期为依据,要走一步看三步,甚至看十步,以终为始来做股权决策。

一方面,企业家可以参考行业内做得最好的企业,看看标杆企业的股权是怎么分的。另一方面,经营者在企业上市后应尽量死守34%的生命线。如果个人持股低于30%,未来企业上市时就没有实际控制人了,这会影响企业的上市计划。最后的底线是,上市后大股东至少要有一票否决权。就像当年国美电气创始人黄光裕和职业经理人陈晓之争,正是因为黄光裕守住了最后的底线,才保住了对国美的控制权。对于未上市公司,经营者的股权最好不要低于51%。股权即政权,没有政权,决策一定会出问题。

价值性:股权是企业最昂贵的商品

2005年,一位刷墙工给脸书总部做墙面装饰,那时的脸书很穷,创始人扎克伯格问这位刷墙工:"你要8 000美元还是8 000股,现金我们可能不一定付得出来啊。"这位刷墙工选择了8 000

股。当脸书上市时，他手里的股票价值2亿美元。

讲这个故事，我想说明如果企业家把股权的价值释放出来的话，可以轻松做到四融：融资、融智、融人、融金。

只有了解股权的四个特性，企业家在做股权激励的过程中，才不会犯致命的错误。

每当我讲完股权的四个特性，很多老板对于给不给股权难免有些犹豫。但是，当我们现场问到高管的时候，高管一定会异口同声地说："要给。"

七八年前，我们团队曾经在《第一财经》电视台做过一档节目，讨论的话题是，怎样才能走通职场人士的财富道路呢？我们给出的财富路径是资源—资金—资产—资本（如图9-1所示）。

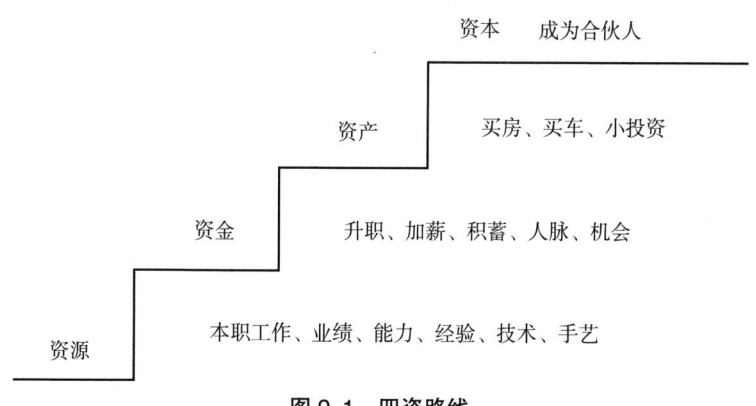

```
                              资本   成为合伙人
                      资产    买房、买车、小投资
              资金    升职、加薪、积蓄、人脉、机会
    资源    本职工作、业绩、能力、经验、技术、手艺
```

图9-1　四资路线

普通家庭出身的人没有家底，没有社会人脉，工作就是手里最好的资源，老板是自己最大的贵人。所以，员工必须要把工作当作金矿来挖，利用自己的能力、经验、技术、手艺做到年年高目标，年年高增长。做到这一点，员工就会成为这个市场里面有定价权的那个人。

当员工为企业承担了增长的责任，那么对于老板来说，他就是不可替代的那个人。接下来，老板就会给他升职加薪，想尽一切办法留住这名员工。这个时候，资源就变成了资金。

当你的资金积累到一定程度时，可以在自己所在的城市买房买车，做一些小投资，积累下一点资产。从资金到资产，是大多数职场人士选择的一条路。

然而，这只是基本的小康生活。职场人士要想从资产走向资本，靠的是股权。所以，越是成熟的职业经理人，越是青睐未来有上市规划的平台，因为他们可以分享企业成长过程中的资本红利。

所以，对于高手来说，股权是最好的激励工具。从这个角度讲，企业一定要会做股权激励，设计好事业合伙人机制。站在员工的立场，要实现财富倍增，股权是最后的大奖；站在企业的立场，股权是鼓励事业合伙人承担企业增长责任最好的武器。

双赢的三个保证

做股权激励本质上就是在分配钱和权。这两样东西如果分对了，自然能激发员工的潜能，推动业绩的增长。如果分错了，反而会扰乱员工的心智，诱发和放大人性的恶，给管理带来负面影响。

要想避开股权激励的负面效应，让股权激励达到双赢，企业要保证三个预期。

保证增值预期

在做股权激励之前，企业家要向员工讲清楚股权未来的增值通道，即企业打算如何对接资本。

一般来说，对接资本有三种方法。第一种是企业上市。企业在二级市场公开买卖股票，通过这种方式股权定价最高；第二种是进行融资。在一级市场，如果公司有一个好的商业模式，经过多轮融资，到了C轮，在企业增长势头不错，现金流也很好的前提下，投资人会允许原始股东转让一部分股权改善一下生活。第三种是被上市公司收购。

如果在企业未来5年的规划中，企业家已经有了资本规划，定好了资本战略时间表，那就等于打通了增值通道，这个激励的时机就是对的。反观许多传统企业的经营者没有考虑与资本对接，没有让员工看到增值预期和变现通道，所以员工并不相信公司股权的价值。

相较之下，互联网公司更擅于塑造梦想：通常在刚刚开始创业时，他们就已经做好了资本规划：A轮估值要做到多少，B轮估值要做到多少，C轮估值要做到多少。并且告诉员工："等到公司C轮融资的时候，你就可以卖一部分股权了。"最后，要么企业在资本市场上市，要么被上市公司收购。所以，成熟的企业家一定会满足员工的增值预期。

保证分红预期

假如一家企业发展还处于早期阶段，离资本市场还比较远，还没有明晰的上市规划，那么企业家就要退而求其次，保证员工的分红预期。

以我自己为例，10多年前我从昆明来到上海后，我的基本工资其实只有过去的1/3，但是真正吸引我的是收入结构的另外一大块——分红预期，只要公司业绩好，我就可以享受分红。我相信只要努力，我的分红一定远超过去的收入，所以我根本不在乎底薪。

保证流动预期

企业家要让员工有绝对的安全感，流动预期解决的就是这个问题。

流动预期，即至少在公司内部，员工的股权是可以流动的，老板会兜底。假设5年过去了，员工的股权还是无法买卖，那么公司应该承诺，员工的股权可以卖给大股东，不会让员工有损失。

股权激励的背后是一份承诺，一份责任。企业的大股东能不能承担起这个责任，能不能兑现承诺？三个承诺都能实现的公司，股权激励的效果最好。如果企业要做股权激励，至少要做到一个保证。

因此，在做股权激励时，时机选择很重要。一般来说，如果企业还没有清晰的资本规划，最好不要赶时髦。因为一旦企业业绩不好，迟迟不上市，反而会扰乱人心。人性是禁不住试探的，老板给了这些合伙人股权，却既不分红也没有增值，这些人就好像做了个美梦，又眼睁睁地看着这个绚烂的梦破裂，很容易形成负激励。

因此，在企业没有清晰的资本规划之前，我们建议经营者先发展经营合伙人，把增量业绩做起来，让这些合伙人的收入结构里多一块看得见、摸得着的增量提成。通过这种方式提升员工的信心，给员工设置一个变革的缓冲区。

激励篇：股权激励的 A 面

如果股权激励时机已经成熟了，企业家应该如何对事业合伙人进行股权激励，就是个战术问题。这个战术问题需要从两个维度来考量：一个是股权激励的激励性因素，另一个是股权激励的约束性因素。

我们先来谈一谈股权激励的 A 面——激励面，需要考察的激励性要素。

定激励工具：限制性实股 VS 期权

经营者真正支付给事业合伙人的是企业的股权。但是，支付股份的方式中也另藏玄机。股权分为两种，一种是实股，一种是期权。二者的区别在于，前者是当即去工商局进行变更，后者是未来兑付的股权。

对于成长型企业，我们建议使用期权。

使用期权激励的好处有如下两点：一，实股需要当下到工商局进行变更，因此员工需要马上掏出真金白银来购买，可能会给他们造成很大的支付压力，这会导致一部分人才有所顾虑。而期权只是一个承诺，等到行权的时候再变更，不会有支付压力，甚至企业还可以设计用业绩提成来置换期权，这样就不需要直接从员工口袋里掏钱，员工更愿意参与，这是人性使然。二，对于成长型企业来说，未来股权的增值空间还没有放大，此时经营者只需要定好股权成熟后的分配规则即可。

美国的资本市场比较发达，多次考察下来，我们发现美国的科技公司采用的基本都是期权激励。如果有些企业已经承诺了给实股，那么在实股前面，千万别忘记了加三个字：限制性。我们做过统计，在 A 股市场，使用限制性实股和期权激励的企业大概是一半对一半，这是因为许多上市公司已经到了生命周期的成熟期，股权价值基本上已经到高位了。而成长型中小企业还有巨大的增长空间，所以我们建议这些企业选择期权作为股权激励的工具。

选好激励工具以后，接下来激励机制该如何设定呢？我们可以把机制分为两面：A面叫作激励性要素，包括定人、定量、定价；B面叫作限制性要素，包括时间、条件、退出约定等。

定激励对象：谁能成为事业合伙人

股权激励不是股权福利，千万不能吃大锅饭。企业的股权要优先奖励标杆员工，一旦企业的标杆选对了，示范效应就出来了。

很多企业家的问题就在于没有花时间去挑人，没有以高标准来挑选你的事业合伙人。据数字统计显示，上市公司股权激励的中位数是11%，最少的激励对象占比4%，最多的在16%左右。所以，我们建议企业第一次做股权激励时，事业合伙人的人数不要超过4%。

通常情况下，股权激励的对象越少，激励的效果反而越好。对于这群事业合伙人来说，老板从100个员工中只挑出了4个人，这本身就是极大的激励和认可。

我们认为，这4%的人的挑选标准有两个。第一个标准是忠诚度，这个忠诚度不是对老板的忠诚度，而是对事业的忠诚度，他们愿意与老板一起共建一份事业。第二个标准是潜力，他应该是未来能够承担企业增长主要责任的人，对于实现公司的未来战略，他应该是不可替代的。

我们在调研企业时发现，很多企业家在选择激励对象时，最容易犯的错误就是凭主观好恶来挑选，这时我会提醒他们区分清楚自然人思维和法人思维。很多老板是典型的自然人思维，喜欢按照年限来选激励对象：谁资历长，我就把股权授予他。

而法人思维则是站在公司的立场思考问题。年限只代表过去，公司要找的是能够实现未来战略的人，所以要按照未来贡献来选择激励对象：未来公司的主营业务是什么？主要服务哪类客户？要想在这个领域拿到第一份额，未来决定这个第一的是哪些岗位？

因此，股权激励的本质是给岗位的，而不是给人的。哪些岗位承担了企业业绩翻番增长的责任，就应该给这个岗位上的员工股权。

以上就是企业选择激励对象的原则，最后，我们可以把所有心目中激励对象放在下面的表格中，A 为最佳，C 为最差，做一个盘点（如表 9-1 所示）。

表 9-1　股权激励对象盘点表

	激励对象 1	激励对象 2	激励对象 3	激励对象 4
认同价值观	A	C	A	A
公司对其依附性	A	A	A	A
未来潜力	A	A	A	B
过去业绩	A	A	B	A
结果评价	√	×	×	×

企业要从价值观认同、依附性、未来潜力和过去业绩这 4 个维度入手，对表格中的人选进行评估。以表 9-1 为例，激励对象 1 的 4 项评估下来都是 A 级，毋庸置疑 4A 级人才是最佳的激励对象，而激励对象 2 虽然在依附性、未来潜力和过去业绩上的得分都是 A，但是在价值观维度上要采取一票否决制。因为如果激励对象 2 不认同企业的价值观，那么未来他要么会主动离开公司，要么会被清理出核心团队，所以他一定不能被列入激励对象。而激励对

象 3 通常是企业的新进骨干，进入公司时间不长，所以业绩还没有起来。但是，可以作为未来的激励对象。如果未来他能够成为 4A 员工，可以未来再授予股权。激励对象 4 是典型的老员工，虽然过去业绩彪悍，然而时至今日，其名利心已经满足了，早已失去了奋斗的动力和激情。这样的老员工未来发展空间有限，不建议列入激励对象。

最后结论很清晰：股权只授予 4A 员工。

定激励数量：股权价值比股份数量更重要

证监会规定，上市公司股权激励总量不能超过 10%，个人的激励不得超过 1%。从绝对值来看，这个数字似乎很小。小米和阿里巴巴的某些合伙人，股份占比也不足 1%。但是，小米上市后市值达 500 多亿元，阿里巴巴上市时市值达 2 380 亿美元，所以这些合伙人也成了亿万富翁。所以，重要的不是现在给多少股权，而是企业未来的价值。

因此，事业合伙人不要纠结于股权数量，而是要关注股份的质量，股份价值比股份数量更重要。

具体来说，股权激励的数量该怎么定呢？

企业家首先可以参照同类型的上市公司给不同岗位分配的股权数量是多少。如果你的企业与上市公司的规模相差无几，那么股权的分配数量可以考虑与上市公司持平；如果规模差距很大，那么最好比上市公司多分配一些股份，尽量做到量足质优。

具体到每个激励对象应该分多少，企业可以在行业内参考同类岗位总收入的构成，按照现金和股权增值的比例来计算应该授予的股份数。譬如，某销售总经理的年薪为 50 万元，40% 用现金支付，60%用股份来支付。假设经营者卖给投资人的价格是每股10元，那我们可以给事业合伙人打个对折，按照每股5元行权，就应该支付价值30万元的股份，合计每年6万股。一般来说，职位越高，股权支付的比例也越高。以苹果公司的CEO库克为例，他的年薪大约只有10%是以现金支付的，剩下的90%是限制性股权。

在中国市场，如果是总经理级别，基本上是现金与股权四六开，高管反过来，是六四开。举个例子，假设一位高管年薪是30万元，那么其中12万元应该来自股权增值的收入。假设我们给高管每股5元，就应该给这个岗位2.4万股。

特别需要强调的是，公司的股权不能白送，原因有二：一是源于人性的弱点，大部分人不会珍惜白给的东西；二是白送会带来税收风险。三年前我遇到这样一家上市公司，老板想免费送一部分股权给高管，结果至今也没有执行。因为按照法律规定：假设企业每股净资产是2.5元，如果想0元转让给员工，这中间每股2.5元的差价会产生税收。

既然不能白给，那就牵扯出股权定价的问题。如何给股权定价呢？对于非上市公司来说，老公司可以按照最低每股净资产来定价，孵化的新公司可以按照注册资本来定价。如果在定价问题上比较犯难，我们建议企业家做股权激励之前，企业先进行一轮融资，由第三方定价。接下来，企业就可以在第三方协议价的基础上打折卖给员工，等员工拿到股权的时候，账面已经增值，这样一来，激励的效果更佳。

约束篇：股权激励的B面

在一个人情社会中，有一种非常普遍的问题：许多企业创始人在做股权激励时，不好意思附加任何约束条件，这给企业的发展带来了极大的风险。很可能企业的股权给出去了，却没有带来任何业绩的增长。

因此，在股权激励中，企业家不仅要定好激励性条款，更重要的是定好限制性条件。限制性条件包括五个方面。

时间约定

前文反复提到，成长型公司最好使用期权进行股权激励。既然是期权，企业就必须锁定行权时间。

一般来说，期权激励有两种行权方式：一种是一次激励分批行权，譬如，股权激励一次性覆盖5年战略，每年行权20%；另一种是多轮多次，譬如，我们在新三板挂牌之前，就做了一个"1+1"的股权激励，1年锁定，1年行权。到了第二年单独再做，根据每年的目标调整股权激励，这就属于多轮多次。

一般来说，我们倾向于采用后一种激励方式。以我们自己为例，集团制定了5年战略，激励总量为300万股，这300万股被分成了5年，每年发放60万股。这样做的好处是可以连续激励5次。2014年做好期权激励以后，2014~2015年这一年股权被锁定，不能行权。等到2015年业绩出来以后，2016年年初，集团会把股份支付给符合考核条件的事业合伙人。因此，锁定期本质上就是考核期。一年后业绩达成了再行权，彼此都没有风险。如果没有达标，这些股权还是放在公司股权池里或大股东手里，延期一年。

所以，如果条件允许，我们建议企业还是采用"1+1"模式，多轮多次滚动，这样每年可以根据未来战略来调整，使得股权激励最大化地匹配战略。

行权条件

股权激励是为了未来战略的达成。所以，在股权激励的同时，企业还要设定行权条件。

我们可以把行权条件拆分为两个目标，一个是公司目标，一个是岗位目标。

假设我们给一家企业的分公司总经理设置了一个3年后的行权条件，行权条件包括两个。一是未来3年公司累计要完成1亿元的税后净利润，这是公司目标。除此以外，我们还要设置分公司总经理的岗位目标：3年内这位分公司总经理要完成营收达1亿元，税后净利润合计超过1 000万元。这两个条件缺一不可，只有两个目标都达成了，公司才能把股权支付给分公司总经理。这样设置是为了把公司利益和个人利益进行深度捆绑。

在课堂上，经常有企业家犯难：从操作难度来考察，销售型岗位是比较容易目标量化的，但是，研发导向型的公司或研发型岗位，应该如何设置行权条件呢？

我们之前服务过一家医药企业，这家企业的主营业务是做心血管支架。当时有一家上市公司想要收购他们51%的股份，双方签订了一份对赌协议，对赌内容就是产品必须要拿到国家医疗器械的准字号批文。所以，这家公司为研发岗位设定的锁定条件就包括两个：一是研发多少个新产品，二是多少个新产品要拿到上市批文。

总之，在设置期权解锁条件时，针对不同的岗位，都可以将公司的未来战略和岗位关键性指标作为行权条件。

退出约定

在辅导企业的过程中，我们关注到一个很常见的现象：很多企业的股权出问题，是因为企业家没有做好股权管理。譬如，有些股东需要主动或者被动地退出这家企业。但是，大家之前都没有约定好退出规则，等到真正退出的时候，"公说公有理，婆说婆有理"，分歧就产生了。这种股东之间的拉锯战会极大地损耗经营者的心力，严重影响企业发展的节奏。

因此，企业家一定要在股权还没有出问题之前，就约定好事业合伙人的退出机制，不然等到出了问题再来谈判，一定是双输。

股权管理中最重要的部分是退出约定，而在退出约定中，最关键的部分包括两个：一是约定退出时的股权定价；二是约定回购主体。其中，最核心的问题还是要锁定好价格，否则，如果事业合伙人离开时狮子大开口，公司可能会因此付出高昂的代价。

我们的一位企业家客户就遭遇过这种窘境。7年前，这位企业家作为公司的创始人给他手底下7个核心员工免费赠送了一些股权，相当于把这7位核心员工发展成了公司的事业合伙人。谁曾料想，2018年时，有一家上市公司找到这位企业家，提出要收购这家企业其中一个业务板块。

事实上，这家公司一共有2个业务板块，这7位事业合伙人分属于两个不同的业务板块。这也就意味着，其中有几位事业合伙人并不属于上市公司要收购的这个事业部。所以，上市公司要求这家企业把与收购业务不相干的股东清理掉。这位企业家作为公司的大股东，他理所当然要回购这部分事业合伙人的股权。

但是，由于过去这家企业并没有与这7位事业合伙人签订股权管理协议，也没有锁定好回购的价格，在这个节骨眼上再去谈判就显得非常被动，最后几轮沟通下来，花了2 000多万元才收回股份。

这就是一个发生在我们身边的案例。这家企业由于没有做好股权管理，给企业留下了一个2 000多万元的"天坑"。所以，在服务企业的过程中，我们一定会在专家团队内部配置一名专业律师，由专业律师拟定合同，把退出机制考虑周全。

对于不同的退出情况，企业应该如何约定退出价格呢？我可以给大家提供一个参考价格：如果事业合伙人是正常退出，那么回购价格应该不低于授予价×（1+银行利息），也不高于授予价×（1+公司3年最高净利率）；如果合伙人是非正常退出，譬如中途辞职、被公司开除等情况，企业必须原价退出，不能没收他们的股权。但是，我们可以追缴他们给公司造成的损失。总而言之，在退出这个问题上，必须要做到人走股留，否则可能会留下许多后遗症。

表9-2　股权退出管理一览表

需要退出的情况	参考结算价格	回购主体
正常退出（合同到期）	原价+利息	持股平台、大股东
非正常退出（被开除）	原价，按损失追究责任和赔偿	持股平台、大股东
半途退出（中途离开）	原价	持股平台、大股东
特殊退出（因公负伤）	原价+近三年最高回报率	持股平台、大股东
因工作调入，成为未来激励对象	纳入考核范围，授予价	持股平台、大股东

关于回购主体的问题，企业家也要遵循一个原则：从哪里来，到哪里去。如果股权是大股东给的，那么就约定好大股东回购；如果是从公司的股权池中划出来的，那么回到股权池。

防火墙设计：分利不分权

前面我们讲过风驰传媒由于做股权激励，一不小心发展了387个股东，其实，在被收购之前，风驰传媒也拿到了政府部门授予的上市指标，但正是因为股东太多，严重影响了风驰传媒在国内资本市场上市的计划。

在企业发展事业合伙人的过程中，必然会稀释大股东的股权。如果企业不提前做好股权的顶层设计，很可能最终会落得像风驰传媒一样的下场，企业散、规模小、股东多，这些问题会成为冲击资本市场的硬伤。

所以，我们建议企业家在吸纳事业合伙人的同时，也要设计一个防火墙，也就是建立一个有限合伙公司的持股平台。

譬如，蚂蚁金服就采用了这种模式。蚂蚁金服背后有两个大股东：一家是杭州君瀚，另一个是杭州君澳。这两家公司都是有限合伙公司，拥有同一个有限合伙人——杭州云柏，这是一家马云100%持股的公司。通过这种设计模式，蚂蚁金服将绝大部分的收益权都分给了团队，却保留了公司的控制权。

调离约定

一家优秀的企业中，即便是企业的事业合伙人，调离原岗位的概率也很大。而当一位事业合伙人离开了原来的岗位时，公司授予他的股权应该如何处理呢？

前文我们强调过一个原则，股份是先给岗位，再给承担岗位责任的人。因此，无论事业合伙人是升职、降职还是平调，股权都是跟着岗位走。人从岗位离开了，之前已经行权的部分归属个人所有，而未行权的部分留在岗位，不跟人走。企业家千万要记住，这些问题在发展事业合伙人之前就要约定好，以免后期再来扯皮。

因此，在为企业辅导事业合伙人的机制设计时，我们一定会要求事业合伙人签订两份合同：一份合同叫《股权激励合同》，其中约定清楚，事业合伙人要达成的业绩，完成的战略指标，企业给多少股权额度，股权的价格，行权的时间等。另一份合同叫《股权管理合同》，约定好不能行权的条件，包括如果事业合伙人拿了股权以后，中途要离职，股权的收回方式；如果业绩不合格被公司开除了，股权的收回方式；如果身体不适要修养，股权的收回方式等。这就是股权激励的 A 面与 B 面，只有兼顾激励与约束，才能保证在事业合伙人的机制设计上不犯大错误。

事业合伙人是一家企业增长最好的火种。一家企业能不能发展壮大，主要靠的是事业合伙人团队。因此，在发展事业合伙人时，企业家一定要找到与自己事业梦想一致的志同道合者。他们和创始人一起扛过枪，吃过苦，价值观和人品也经过了长时间的论证。如果这些人已经到位了，机制设计也到位了，那么企业家不必担心了，这家企业一定能够做到又好又快的增长，在未来 5 年快速抢到第一份额。

结语

今天所有的企业都面临两种变化：一种是经营性变化，另一种是结构性变化。

当面对经营性变化时，企业可以通过对产品服务的迭代、管理的优化来应对变化。然而遗憾的是，今天许多传统企业所面对的并不是经营性变化，而是结构性变化。譬如竞争对手的跨界竞争、用户消费习惯的改变、销售渠道的分化等等，这种结构性的变化给企业带来了巨大的挑战。

尤其在新冠肺炎疫情期间，这种结构性变化更为凸显：客户从线下走到线上，直接推动了直播的火爆，竞争也从一个区域市场走向了无国界和全球化……面对这种结构性变化，企业在经营技巧上的小修小补已经解决不了当下的困难，企业家唯有从行业的底层逻辑上对企业进行重构，才能应对这种结构性变化。

那么，这场重构应该从哪里开始呢？我一直在思考这个问题，直到2019年下半年，我连续遇到了三家相似的企业才找到了答案。

2019年7月，连续有3家企业向我们寻求帮助：一家零售连锁，一家服务连锁，一家解决方案服务商。这三家企业虽然行业不同，但是情况非常类似：企业年产值都在1亿~2亿元之间，它们都通过产品价值取得了区域市场的竞争优势。与此同时，创始人也看到了各自行业的变化、趋势和增长的机会点，并对未来的经营战略做出了对应的布局。但是，如何把经营战略落地，在3年后抢到区域市场的第一份额是让老板们一直焦虑的问题。

更确切地说，三位老板都遇到了一个共性挑战：现在的组织能力和老板对未来经营战略的规划不匹配，现有的组织能力难以支持老板对未来的战略规划。因此归根结底，传统企业转型的所有问题最终都是组织的问题。因为所有的战略最后都是通过人实现的，而如何把人的动力和能力经营起来，这是决定企业转型成功与否的关键。

所以，我写这本书的初衷就是想帮助企业解决这个问题。

通过系统性地思考和梳理，我尝试帮助大家重建一套全新的思维方式，让企业能够从组织管理入手，通过组织管理变革来激活一条新的增长曲线，实现未来5年10倍的增长，帮助企业在5年的时间内赢过对手，占领市场的第一份额。

实现这个蓝图并不是一件容易的事情。企业家必须进行组织合伙人的变革，这场变革本质上是一场管理模式的变革，因为当企业端发生变化时，管理模式必然需要升级。

要深入理解这场变革，我们不妨把企业的管理模式分为三个阶段。

管理模式 1.0 时代：员工不能应对变化

这一阶段的特点是老板发命令，员工只要负责听话照做。这一阶段企业雇用的是员工的手脚，老板并不需要员工开动大脑思考，这直接导致员工缺乏解决问题的能力，自然也无法应对变化。应该说，这个 1.0 阶段不是一个时空概念，而代表经营管理的一种境界。在我们接触的企业当中，依然还有部分企业处于管理模式的 1.0 时代，整个公司只有老板一个人在思考，其他人充其量只能算是老板的手脚，这样的企业在这个高倍数变化的市场环境下是无法做大的。

管理模式 2.0 时代：员工能应对经营性变化

很多老板意识到企业无法应对市场变化后，就会升级企业的管理模式。在这个过程中，老板学会了授权和支持。在管理模式的 2.0 阶段，老板拥有决策权，然后通过授权的方式把经营权给了员工。因此，在这种管控模式下的员工能够应对经营性变化，但还是不敢承担责任去应对结构性变化。当结构性变化发生时，员工只会选择层层上报，等到老板来做最终决策，这会导致企业丧失大量的机会成本。

管理模式 3.0 时代：员工要应对结构性变化

如何能够应对结构性变化？这本书所提出的组织合伙人模式就是我们给出的答案。

本质上，企业家就是要改变员工的身份，让他们从员工变成组织合伙人，进而把组织黏合成为一个真正的责任共同体。最终，通过重新定义了人与组织之间的关系，通过组织合伙人责、权、利的重新分配，进而把企业发展成为一个合伙人治理的自组织。唯有这样，才能保证员工能够以最快的速度来应对结构性变化。

作为经营实践者和咨询顾问，我通过自己多年来的所见、所思、所行，提出一套系统的解决方案。企业要从系统的顶层设计开始来发动这场组织合伙人的变革，把权力重新分配到员工的手中，让他们主动推动企业的增长。

然而，每一次管理模式和管理系统的升级，一定会涉及许多领导层价值观的变革，甚至在推行变革的过程中，组织的利益格局、惯性思维、惯性行为势必都会成为难以冲破的障碍。如何改变旧的组织模式，培育新的组织能力呢？在企业痛苦的"自我革新"的过程中，企业家不可急于求成，必须要循序渐进地做好变革管理，平稳而有效地给组织动手术。

第一步：找到让自己兴奋的事业动机

事业动机本质上是一家企业的初心，管理本质上是热情的传递，信心的传递。如果企业家不热爱自己的事业，那你更不可能搞定下属。

因此，要想给组织平稳地做手术，首先企业家要重拾自己的初心，找到自己的事业动机，并把这个事业动机升华为使命。譬如，行动教育的使命是帮助1 000万企业家提升工商管理能力，这个群体的数量太大了，压在肩上的责任太重了，所以我们分秒不敢懈怠。

任何一家伟大的企业都源于一个伟大的念头。因此，创始人必须向内观，看清自己的起心动念。

事业动机只能靠企业家自己搞定，没人能代替你发动高层。

只有企业家发自肺腑地传递自己企业的使命、愿景和价值观时，才能影响一批人跟着你一起干。所以，企业家就是贩卖梦想的人，你的梦想能贩卖给多少人，你的事业就有多大。

第二步：制订一个 10~20 年的长期规划

当你找到了为之奋斗一生的那份热情，接下来第二步，就是要制订一个清晰明确的长远规划。

在这本书里，我建议大家以 5 年为终点来做顶层设计，但实际上，伟大的公司至少需要 10~20 年的耕耘。企业家需要有长期规划，是因为你的事业目标越伟大，实现的时间跨度就要越长。因此，你一定要让自己沉下心来，把目光放到 10 年、20 年甚至 50 年后，再来做当下的决策。

那什么才是清晰明确的规划呢？企业家要给自己选好赛道。越小的赛道跑得越快，所以，你要基于对供需关系的洞察、基于对自己优势的洞察，选择为客户解决一个问题，但在解决这个问题上，3~5 年内你要拿到第一份额，哪怕你当下起点比较低，把时间延长到 5 到 10 年成为区域第一，接下来再逐渐辐射到全省、全国、全亚洲甚至全球。

事业动机和长远规划是老板必须要做的，别人替代不了。这两个基本点定下来以后，企业每年都会在既定的方向上进行迭代。

第三步：与自己的管理层共享一个梦想

目标明确以后，企业家还要和管理层共享一个目标，让所有人力往一处使，真正做到力出一孔。

企业上下是否完整地梳理清楚了下面这张图？是不是所有组织合伙人都明白 3~5 年后我们要成为哪个领域的第一品牌？年均增长率应该达到多少？未来战略清晰了，接下来如何打造企业的组织能力？如何进行组织架构的设计？怎样发展企业的三类组织合伙人？选择哪些机制去赋能这些合伙人？

只有整个企业的管理层共同完成从上到下的系统思考，并且在管理层之间达成共识，核心团队共享同一个梦想，这家企业才有机会在未来几年成为行业一。

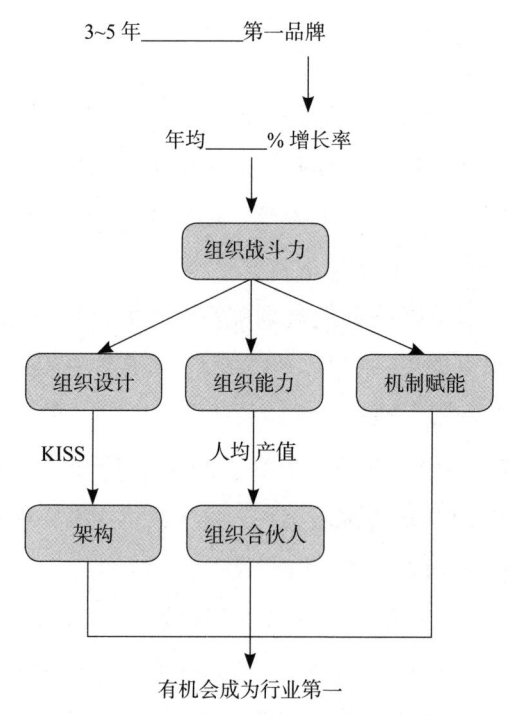

```
3~5 年_____第一品牌
         ↓
    年均___% 增长率
         ↓
    ┌─────────┐
    │ 组织战斗力 │
    └─────────┘
     ↙    ↓    ↘
┌──────┐ ┌──────┐ ┌──────┐
│组织设计│ │组织能力│ │机制赋能│
└──────┘ └──────┘ └──────┘
  KISS   人均产值
   ↓       ↓
┌────┐ ┌────────┐
│架构│ │组织合伙人│
└────┘ └────────┘
      ↓
  有机会成为行业第一
```

图结-1　关于企业如何成为行业第一的系统思考

而且这个过程是动态的，不是一劳永逸的。随着市场的变化和战略的调整，每年的三四月份，企业家都应该拉开自己的组织架构图，看看基于未来的目标，要把自己增长的责任授权给哪些人？这些人能不能扛起增长的责任？如果不行，补位的人在哪里？未来还需要匹配什么样的人？

即便千难万阻，企业家要找到这群人，然后群策全力，反复开闭门会议，组织上下多频次沟通，让所有人都参与进来。

人性往往就是如此：越与自己有关的事情，人们就会越积极。过去许多企业在这个模块花的时间太少了，虽然企业的初始梦想是企业家的，但企业家要花时间把它变成大家的梦想。我们要相信"相信的力量"，只有相信的人越多，释放出来的能量才越大。

第四步：试验田打样

在管理层的未来战略与老板对齐以后，接下来企业家要着手推动增量了。

在服务企业的过程中，我们发现有些创始人难掩兴奋，他们迫不及待地想在企业内部推行全员变革，希望全员迅速转型为组织合伙人。但是我要提醒大家，冒进中往往潜藏着失败的种子。

我给大家分享一个真实的故事。

我们曾经在西部某三线城市服务过一家服装品牌，在我们的专家团队给所有店长做宣导的过程中，我明显感受到大部分店长都非常兴奋，他们期待这场变革。毕竟，仅仅从未来收益一项来看，即使店长没有完成必达目标，也可以保证与去年的收入持平；而一旦成功完成必达目标，收益至少比去年增加一倍。因此，这场变革对于店长而言是很有吸引力的。

在做完店长宣导以后，我们团队又给这家企业的中高层组织了一场会议，初衷是与大家共同探讨：总部应该如何支持经营合伙人的变革？结果会议刚一开始，所有的品牌经理、区域经理都异口同声地向我们传达了一个信息：店长对转型为经营合伙人有抵触情绪，他们不愿意参与变革。

显然，这与我们昨天收到的信号截然不同。于是，我们团队的专家悄悄地潜入门店，挑选了 4 个店长做了一下摸底，最后发现，其中 2 个店长明确表示愿意参与，1 个店长表示可以尝试，但需要公司支持，另外 1 个店长选择持观望态度。

直到这一刻，我们才反应过来，推行经营合伙人本身就是一场"去管理"的运动，这个过程势必会影响到中间管理层的利益。如果强行推动变革，最终可能会遭遇到保守派的阻拦。

那么，如何保证变革能最大限度地赢得支持呢？我们建议企业先选择 1~2 个小团队作为变革的试验田，先把这块"试验田"从原有的管理序列中剥离出来，由一把手直接管理。除了试点单位外，其他店面暂时保持不变。但是在这个过程中，企业一定要优先把好的资源倾斜给这块试验田，扶持试验田打样成功。

一旦业绩起来以后，许多问题都会自动消失，改革的进程会迅速加快。相反，如果业绩上不来，那这场变革基本宣告失败了。所以，变革一开始的时候，一定要控制好节奏，先慢后快，倾斜所有资源扶持一个样板。待试验田打样成功以后，再来考虑大规模的复制与裂变。

第五步：赋能合伙人

未来的组织模式一定是平台加创业者模式，平台负责赋能。

譬如，当组织合伙人洞察到客户的痛点和需求，寻找到一个新项目时，这时候他可能会发现：这个项目技术复杂，需要技术线的支持；项目合同条款很复杂，需要法务部门的支持；这个项目需要融资，需要财务人员的配合。最后你会发现，任何项目都是一次从前到后的系统运作。

而这种合作模式会让创业变得简单，平台和创业者能互相借势。合伙人只需要做销售,所有的中后台赋能由公司来负责,合伙人不需要把精力消耗在那些不擅长的事情上。在这套全新的分工模式下,合伙人就会有更多的时间和精力来快速应对市场变化,整个组织的敏捷度会大大提升。

这才是我们推动组织变革的根本原因所在——让组织有能力去应对不确定的变化。

最后,组织合伙人的变革还要坚守恒心和定力,从某种程度上说,组织变革是一段没有终点的旅程,随着市场的变化和战略的调整,组织需要不断地迭代和更新。

20余年的经营实践告诉我,人是企业的根基,经营企业其实就是经营人性。而要经营好人性,必须要深谙人性的规律。从我自己的经验来总结,人性的规律逃不过这5个字:名、利、钱、梦(梦想)、乐(快乐)。

我们所倡导的组织合伙人,正是从人性的规律入手,通过改变身份来满足"名",通过收入的结构性设计来满足"利"和"钱",通过这场组织合伙人的变革,给合伙人一个平台来孵化他们自己的创业"梦"想,最终在承担责任和挑战高目标的过程中体验快"乐"。

归根结底,组织合伙人就是为了满足人性的底层需求,把组织的权力和利益进行了重新分配,让一部分员工升级为企业的合伙人,激活这群人的自驱力,使他们发自内心地愿意承担企业增长的责任,通过建立企业责权利的新秩序,改变人和组织之间的关系,让双方变成事业共同体和利益共同体,实现责任共担、风险共担和利益共享。

从当下的实践中也看到,真正一流的人才也在期待这场变革。

而真正的组织合伙人一定是在实践中锻炼出来的,在战斗中成长的。一个人承担的责任越大,实现目标的难度越大,成长的速度就越快。金要火炼方成器,木必加工才成材。所以,在企业家选对人后,还需要用高目标和大挑战来激活他、训练他,他才能真正成长起来。一旦他们个人的创业梦想实现,我们的事业也就成功了。

致谢

我写《组织合伙人》这本书的初衷,是为了帮助更多企业家实现自己的创业梦想。我希望这本书能帮助大家思考变化、思考未来,并从今天开始布局未来,最终让企业更好地活在未来。

在本书的创作过程中,许多人为我提供了无私的帮助。首先要感谢为这本书付出诸多努力的中信出版集团,感谢我们的图书编辑,感谢我们的专家团队。我尤其要感谢所有信任我们的客户,是你们的实践给我们提供了诸多鲜活的案例,让我能够从你们的实践中提炼出合伙人制的本质和规律,并把这些规律整理成书,传递给更多的企业家,这是一件非常有意义的事情。

最后，感谢您购买我的书，更感谢您认真阅读完全书。如果您恰好遇到了与书中类似的问题，并通过阅读本书找到了一些模糊的方向，但仍有疑惑之处，希望您与我们做进一步的沟通和交流。我和我的专家团队非常愿意聆听您的困惑，为您提供免费的在线咨询和答疑，以此作为这本书的增值服务，以馈读者。如果您有这个需求，可以扫描本书后勒口处的微信二维码，我的合伙人卢霞老师会聆听并为您答疑解惑。

管理没有永恒的答案，只有永恒的追问。管理是人们不断探索的过程。我们期待阅读这本书的读者能够持续学习、持续更新，也希望以后这本书中的观点能够持续更新、升级。我相信这并不是结束，而是一个更美好的开始！